目　次

〔記帳書〕

I　記帳の手引　　　　　　　　　　　　　　　　　　頁
　1. 記帳の手引 ·· 3
　2. 科目一覧表 ·· 8

II　帳簿等
　1. 現金出納帳 ·· 11
　2. 預金出納帳 ·· 47
　3. 農産物受払帳 ·· 71
　4. 売掛（未収）帳
　　 買掛（未払）帳 ·· 85
　5. 前受（仮受）金
　　 前払（仮払）金 整理帳 ···································· 101
　6. 債権債務整理帳 ·· 111
　7. 作業日記帳 ·· 117

〔決算書〕

　8. 家族と経営の状況 ·· 2
　9. 耕作台帳 ·· 3
　10. 作物の作付状況 ··· 6
　11. 家畜の飼養状況 ··· 8
　12. 科目別整理帳 ··· 9
　13. 科目別合計帳 ··· 34
　14. 年末補正表 ··· 39
　15. 未成熟の果樹・牛馬等の取得価額表 ························· 42
　16. 償却資産台帳 ··· 44
　　　付・耐用年数表 ··· 58
　17. 棚卸表 ··· 63
　18. 農業所得計算書 ··· 68
　19. 貸借対照表 ··· 73
　　　（参考）　消費税関係 ····································· 86
　　　　I　基本的な仕組み
　　　　II　記帳と決算の方法
　　　　III　申告・納付と届出等の手続
　　　　IV　適格請求書等保存方式（インボイス制度）

Ⅰ 記帳の手引

1 記帳の手引

　青色申告の記帳方法には、①正規の簿記による記帳（一般的には複式簿記）、②簡易な記帳の方式による記帳（農家簿記など）又は③一定の要件の下で現金主義による記帳が認められています。
　この農家簿記は、基本的には簡易な記帳の方式による記帳や現金主義による記帳に適合するよう作られています。
　また、白色申告のいわゆる記帳制度適用者（以下「白色の記帳制度適用者」といいます。）で法令上要求される最低限の簡易な記帳をなされる方も、この農家簿記を使用して必要な記載事項のみについて記帳することができます。
　なお、最高55万円（65万円）の青色申告特別控除の適用を受けるためには、正規の簿記による記帳が必要です（決算書の73ページ参照）。

―――― **簡易簿記による記帳** ――――

(1) 所得税法では、収入金額や、必要経費の認識は原則として発生主義（権利確定主義）によることになっていますので、毎日の売上や仕入、経費などの取引の発生のつど（現実に代金の入金や出金がない場合でも）帳簿に記載するのが原則です。ただし、簡易な記帳の方式による場合は、現実に代金の入金や出金があった時に記載することができます。この場合には、年末における売掛金や買掛金、未払金、前払金などの残高を調べて、これを売上や仕入、経費に加算又は減算する必要があります。

(2) 農産物（米、麦、野菜などのほ場作物、果樹などの生産物、温室などの特殊施設による園芸作物）については、所得税法上いわゆる収穫基準が採られているため、農産物の収入金額は次により計算するのが原則です。

　① まず、農産物を収穫した場合には、収穫した時におけるその農産物の価額（収穫価額＝生産者販売価額）により収入金額に算入します。

　② 次に、農産物を販売した場合には実際の販売価額を、また、家事消費や事業用消費等をした場合には消費等をした時におけるその農産物の価額を、それぞれ収入金額に算入します。

　このように、農産物については、収穫した時と販売、消費等をした時の2段階において重複して収入金額に計上されることになりますが、反面、農産物を収穫した時には当該農産物を収穫価額により取得したものとみなすことになっていますので、その農産物を販売・消費等した場合には、当該農産物の取得原価たる収穫価額が農業所得計算上の必要経費として控除されることになります。この農家簿記では、農業所得計算上の農産物の収入金額について、上記(2)の原則計算によった場合に、収入金額と必要経費の両方に同額が計上されることとなる部分（その年中に収穫し、かつ、販売・消費等をした農産物にかかる収穫価額）を除外して、次のような簡略化した計算式により算定することとしています。

> 農産物の実際の販売金額＋家事消費・事業用消費等の金額＋農産物の年末棚卸高－農産物の年初棚卸高＝農産物の収入金額
> **（注）** 農産物の棚卸高は、その農産物を収穫した時の価額によります。

　なお、記載例では、次により農産物の収入金額を計算することとしています（これ以外の方法によることもできます。）。

① 「現金出納帳」及び「預金出納帳」から農産物の販売代金の入金額を、また「農産物受払帳」から事業用及び家事用（贈与を含む。）に消費した分の金額を、それぞれ「科目別整理帳」へ転記して、その合計金額（「科目別合計表」において計算される金額）を一応の収入金額とします。

② 次に、年末決算の際に「売掛（未収）帳」や「前受（仮受）帳」から年末又は年初における残高を調べて、年末の売掛（未収）金残高と年初の前受（仮受）金残高を①による収入金額に加算する一方、年初の売掛（未収）金残高と年末の前受（仮受）金残高を減算します（この計算は「年末補正表」において行います。）。

③ さらに、「棚卸表」に基づいて、農産物の年末棚卸高を②による補正後の収入金額に加算する一方、前年分の収入金額に算入済みの年初棚卸高を減算して最終的な収入金額を計算します。

(4) 農業所得を計算するに当たっては、未収穫農作物に要した費用や育成中の牛馬等又は未成熟の果樹等に要した費用などは、その投下した年分の必要経費に算入することができませんので、年末において必要経費から減額するための整理を行わなければなりません（具体的な方法等については、後掲「記帳方法等の簡略化」の(3)及び(5)などを参照して下さい。）。

── 現金主義会計の記帳 ──

(1) 現金主義会計の記帳によって所得の計算ができるのは、その年の前々年分の不動産所得の金額と事業所得の金額（青色事業専従者給与又は事業専従者控除額を差し引く前の金額）との合計額が300万円以下の青色申告者です。

(2) 現金主義による所得の計算は、次のように行います。

① 農産物の収入金額は、農産物を販売して実際にその代金の入金があったときに計上することになります。しかし、農産物を家事消費したり贈与したような場合は、現金の収入がなくてもその消費又は贈与したときの価額を収入金額に計上しなければなりません。

② 必要経費は、収入金額を得るために直接必要な費用及びその業務について生じた費用のうち、その年に実際に支払ったものの合計額のほか、減価償却費や事業用固定資産等の損失も含まれます。ただし、減価償却資産となる牛馬、果樹等の資産の購入価額及びこれらの成育又は成熟のために要した飼料費や肥料費等は、その必要経費から除かれます。

③ 現金主義会計によりますと、準備金や引当金の計上は認められないこととなります。

(3) 現金主義による所得計算の特例を受けようとする場合には、その適用を受けようとする年の3月15日（その年の1月16日以後に新たに開業した場合は、その開業の日から2月以内）までに、適用を受けようとする旨その他の事項を記載した届出書を、税務署長に提出しなければな

りません。また、適用をやめようとする場合も同様です。
(4) 現金主義の特例の適用を受けていた人が、その適用を受けないことになった場合は、適用を受けることとなった年の前年12月31日における売掛金、買掛金、前受金、前払金及び棚卸資産等の額と、その適用を受けないこととなった年の1月1日現在の売掛金等の額との差額を、その適用を受けないこととなった年の収入金額又は必要経費に算入することになります。

―― 白色の記帳制度適用者の記帳 ――

(1) 白色申告者でも、次の要件に該当するものは、それぞれ次に掲げる日以降の一定の事項について簡易な記帳をしなければならないこととされています。
① その年の前々年分の不動産所得、事業所得及び山林所得の金額（事業専従者控除額を差し引いた後の金額。次の②において同じ。）の合計額がその年の前年12月31日において300万円を超えるもの………その年の1月1日
② その年の前年分の不動産所得、事業所得及び山林所得の金額の合計額がその年の3月31日において300万円を超えるもの………その年の4月1日
 (注) 不動産所得、事業所得又は山林所得のいずれかの所得が赤字である場合には、その赤字の金額を0として300万円を超えるかどうかを計算します。
(2) 記帳しなければならない事項は、不動産所得、事業所得及び山林所得を生ずべき業務に係る取引のうち総収入金額及び必要経費に関する事項（収穫（価額）に関する事項も含まれます。）のみとされており、資産・負債に関する事項についての記帳は法令上の義務とされていません。
(3) 白色の記帳制度適用者の農業所得計算の方法は、基本的には前記の簡易簿記による場合と同様です（白色申告者については現金主義による所得計算は認められていません。）。

―― 記載方法等の簡略化 ――

　農業簿記では、他の事業にはみられない特殊な、しかも煩さな問題があります。たとえば、農産物は例外なく自家消費されますが、特に野菜などはこれを毎日収穫して消費し、しかもその品目も雑多で、これらの収入を評価することは非常に繁雑ですし、また、牛馬や果樹等の育成又は成熟のための費用の区分経理などがあります。これらの記帳については、農業経営の実態を知るために支障にならない程度に簡略化して、農家簿記の記帳を容易にすることも必要でしょう。
　そこで、所得税の取扱いでは、取引に関する記載方法について、次のように簡略な記帳又は整理をしてもよいこととされています。
(1) 野菜等の生鮮な農産物は、
① 収穫時における収穫量等は、記帳する必要がありません。
② 販売時には、青色申告の場合は種類別に数量、単価、金額を記帳することになっていますが、数量、単価が明らかでないときは、金額のみの記帳をすることができます。
③ 家事消費等の記帳は、年末に一括して金額のみを記帳すればよいこととされています。
 なお、この家事消費等の金額は、通常他に販売する価額によります。

④ 棚卸表の記載は、省略することができます。
(2) 農産物の家事消費等については、
① 野菜等以外の農産物は、消費等のつど記帳しないで、年末に一括してその数量、単価及び金額を記帳することができます。
② 専ら家事消費するために耕作している水稲田、普通畑から生ずる農産物については、年末において、その年中に収穫した農産物の金額のみを記帳すればよいこととされています。
(3) 育成中の牛馬等又は未成熟の果樹等に要した費用は、その投下した年の必要経費には算入しないで、牛馬等が成育し、果樹等が成熟するまで累積していくため、年末において整理することになっています。(その累積額は、減価償却資産の取得価額となって、原則として成育又は成熟した年から減価償却費を計算することになります。)。
　その育成等に要した費用の額は、比較的容易に区分できる次の費用に限定してもよいこととされています。
① 牛馬等の場合は、育成するために取得したその牛馬等の購入代、種付料及び飼料費。
② 果樹等の場合は、種苗等の取得費、明らかに区分できる定植に要した雇人費、肥料費及び農薬費。
(4) 未成熟の果樹等から生じた果実の収入金額がある場合は、これをその未成熟の果樹等の取得価額から控除する方法が原則となっていますが、毎年継続して同一の方法によることを前提として、その年の収入金額に算入してもよいことになっています。
　なお、未成熟の果樹等から生じた果実の収入金額を、その未成熟の果樹等の取得価額から控除する方法をとる場合には、成木から生じた果実の収入金額と区分しなければなりません。
(5) 未収穫作物(年末においてまだ収穫していない麦、野菜等の立毛及び果実)に要した費用は、年末に棚卸表に記載して整理することとなっていますが、
① 毎年同程度の規模で作付けをする未収穫作物については、その整理を省略し、その費用を支出した年分の必要経費に算入することができます。
② ①以外の未収穫作物に要した費用として棚卸表に記載する額は、それらの作物に投下した種苗費、肥料費及び農薬費に限定してもよいこととされています。

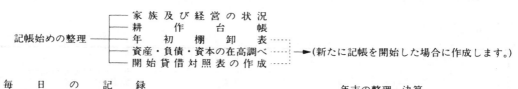

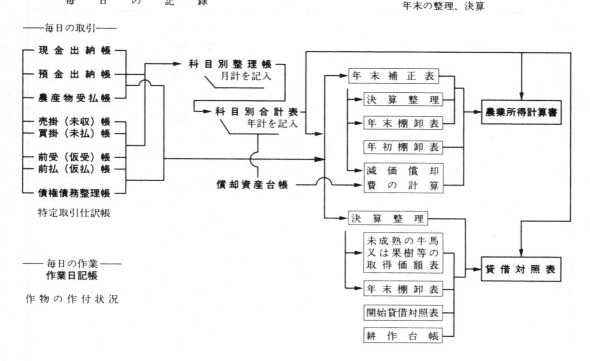

現金出納帳、農産物受払帳などの「科目」欄は、別冊「決算書」の「科目別整理帳」のどの科目に転記すればよいかを、また、この取引はどの科目に整理されているかを示す重要な役目をもっています。

「科目」は、次ページの「科目一覧表」によってその略称を正しく記入して下さい。

なお、次のような場合には、それぞれの科目を○又は（　）で表示しておきますと、年末整理のとき便利です。

① 農業用経費に家事関連費及び建物や大農具等の取得費となる資本的支出が含まれている場合

（注）資本的支出とは、固定資産・減価償却資産に修理・改良等を行い資産の価額を増加させる支出や通常の使用可能期間を延長させる部分に対応する金額をいいます。

② 家計費に、農業用経費が含まれている場合

2　科目一覧表

(1) 損益計算科目

収入			支出		
科　　　目	略称	摘　　要	科　　　目	略称	摘　　要
稲　　　作	稲		租 税 公 課	税	
麦　　　作	麦		種 苗 費	種	
雑　　　穀	穀		素 畜 費	素畜	
			肥 料 費	肥	
薯　　　類	薯		飼 料 費	飼	
			農 具 費	農具	
野　　　菜	野		農薬衛生費	薬	
			諸 材 料 費	材	
			修 繕 費	修	
			動 力 光 熱 費	光	
			作業用衣料費	衣	
果　　　樹	果		農業共済掛金	共	
			荷造運賃手数料	運	
			雇 人 費	雇	
特 殊 作 物	特		利 子 割 引 料	利	
			地代、賃借料	地	
畜　　　産	畜		土 地 改 良 費	改	
			共 販 諸 掛	諸	
			雑　　費	雑	
雑 収 入	雑収		専従者給与	専	

(注) 主な必要経費の内容については、次ページに記載してありますので、参考にしてください。

主な必要経費の内容

○租 税 公 課（税）
　1．租　　税……消費税、農業用の土地・建物等の固定資産税、不動産取得税、自動車税（取得税、重量税を含む）等
　2．公　　課……水利費、農協組合費等
　　（注）　1　事業者が税込経理方式を選択適用している場合、納付すべき消費税は必要経費となります。
　　　　　　2　次の租税は、所得計算上必要経費にはなりません。
　　　　　　　　所得税、復興特別所得税、都道府県民税、市町村民税、相続税、加算税等
○種　　苗　　費（種）……種もみ、種いも、種子苗類等の購入費用
○素　　畜　　費（畜）……子牛、子豚、ひな等の取得費及び種付料
○肥　　料　　費（肥）……肥料の購入費用
○飼　　料　　費（飼）……飼料の購入費用
○農　　具　　費（農具）……取得価額が10万円未満又は耐用年数が1年未満の農具の購入費用
○農 薬 衛 生 費（薬）……農薬の購入費用や家畜の治療費、共同防除費等
○諸　材　料　費（材）……ビニール、むしろ、なわ、釘、針金等の諸材料の購入費用
○修　　繕　　費（修）……農機具、農用自動車、建物及び施設等の修理に要した費用
○動 力 光 熱 費（光）……電気、ガス、水道等の料金や灯油、ガソリン等の燃料費
○作 業 用 衣 料 費（衣）……作業衣、地下たび等の購入費用
○農 業 共 済 掛 金（共）……水稲、果樹、家畜、農用自動車等に係る共済掛金、価格損失補てんのための負担金等
○荷造運賃手数料（運）……出荷の際の包装費用、運賃や市場（荷受機関）等に支払う手数料
○雇　　人　　費（雇）……常雇、臨時雇人等の労賃、まかない費等
○利 子 割 引 料（利）……農業用借入金に係る支払利息、受取手形の割引料
○地 代、賃 借 料（地）……農業用の土地・建物の借用料、農機具等の賃借料、農業協同組合等の共同施設利用料
○土 地 改 良 費（改）……土地改良事業の費用や客土費用
○雑　　　　　費（雑）……上記以外の費用で、農業に関連して支払った費用
○専 従 者 給 与（専）……青色事業専従者に支払った給与

　上に掲げたもの以外の費用で特別なものは、適宜、分かり易い科目名を付けて別科目としたほうが便利です。

(2) 損益計算以外の科目

入		金	出		金
科　　　目	略称	摘　　要	科　　　目	略称	摘　　要
普通預金引出	普出		建物・構築物	建	
定期預金引出	定出		農 機 具 等	機具	
その他の預金引出	預出		牛　馬　等	牛馬	
売掛（未収）金入金	売入		果　樹　等	果樹	
前 受 金 入 金	前入		普通預金預入	普入	
借　入　金	借		定期預金預入	定入	
事 業 主 借	事借		その他の預金預入	預入	
			買掛（未払）金支払	買払	
			前 払 金 支 払	前払	
			貸　付　金	貸	
			借入金返済	借返	
			事 業 主 貸	事貸	
そ　の　他	他入		そ　の　他	他出	

（注） 主な科目の内容については、以下に記載してありますので、参考にしてください。

主 な 科 目 の 内 容

○建物・構築物（建）……農業用の倉庫、納屋、畜舎、たい肥舎等の建物や構築物の取得費
○農　機　具　等（機具）……耕うん機やコンバインなどの農機具等で取得価額が10万円以上で耐用年数が1年以上の農業用機械器具の購入費用
○牛　馬　等（牛馬）……乳牛、繁殖用和牛、種豚の取得費
○果　樹　等（果樹）……みかん、かき、なし、茶等の永年作物の取得費
○事　業　主　貸（事貸）
　① 現金出納帳などから生活費として支出した金額
　② 建物や自動車の減価償却費、動力光熱費などのうち期末決算整理において家事関連費として経費から除いた金額
　③ 農業用固定資産を売却した場合（農業所得の収入金額となるものを除きます。）の譲渡損の金額
　④ 米や野菜など、自家消費（種などに事業用消費した分は除きます。）したもの等の金額
○事　業　主　借（事借）
　① 家計から事業用資金として借入した金額
　② 事業用の普通預金や定期預金、その他の預金に付いた本年中の利息の金額（税引後）
　③ 農業用固定資産を売却した場合（農業所得の収入金額となるものを除きます。）の譲渡益の金額

　上に掲げたものや前ページに掲げた以外の入金・出金で特別なものは、適宜、分かり易い科目名を付けて整理してください。

II 帳簿等

1 現金出納帳

記入についての注意

(1) 現金出納帳には、現金の入金、出金のすべてについて、年月日や現金出納の事由、相手先、金額や日々の残高を記帳します。

　例えば、農産物を販売してその代金が未収（売掛）となっている場合には、その販売をした時は現金出納帳に記帳しないで（売掛帳に記帳します。）、実際に代金を受取った時に記帳します（売掛帳にはこの場合も記帳します。）。

(2) 現金出納帳に記帳した取引は、別冊「決算書」の「科目別整理帳」へ転記します。

　したがって、同じ日の同じ取引先の入金又は出金であっても、8ページの「科目一覧表」に掲げてある科目の異なるごとに区分して記帳してください。

(3) 家計費（事業主貸）については、事業用の現金と別に区分して管理するようにして、月に1回ないし数回に分けて出金し、記帳した方が便利です。

※ **現金主義会計**を選択している青色申告者の場合には、この現金出納帳を記帳すれば足り、「科目別整理帳」への転記は必要ないことになっていますが、年末において「収入金額にならないもの」や「必要経費とならないもの」を整理するのに手数がかかりますし、経営の実態を知るためにも転記しておいた方が便利ですから、できるだけ「科目別整理帳」への転記を心がけてください。

※ **白色の記帳義務者**が簡易な記帳を行う場合には、業務に係る取引のうち総収入金額及び必要経費に関する事項のみを記帳すればよく、現金残高などは記帳しなくてもよいことになっていますので、この現金出納帳の記帳は要しません。しかし、現金出納帳を記帳すればより正確な記帳ができますし、いろいろな特典のある青色申告に進むこともできますので、ぜひ記帳されるようおすすめします。

　なお、この現金出納帳に総収入金額及び必要経費に関する事項のみを記帳する（現金残高は記帳しない）ことにより、簡易な記帳を行うための帳簿として代用することもできます。

(記載例) 　　　　　現 金 出 納 帳

月日	摘　　要	科目	入　金	出　金	残　高
10月1日	前頁より繰越		円	円	47,550 円
〃	家計費	事貸		10,000	37,550
2	米売渡 玄米2等20俵@16,700 農協へ　　　〃 3等50〃@15,300	稲	1,099,000		
〃	農協へ預金	普入		1,000,000	
〃	肥料費（硫安外）農協支払	肥		52,000	
〃	農薬費（DDT外）農協支払	薬		20,000	64,550
3	ほうれん草30kg@350　山川市場へ	野	10,500		
〃	臨時雇人5人分支払　1日4800円	雇		24,000	
〃	電灯料9月分支払	（光）		4,400	
〃	動力料9月分支払	光		6,000	40,650
4	農協より預金引出し	普出	100,000		
〃	耕うん機購入(350,000円) 甲野商店へ 内金支払	（機具）		100,000	
〃	馬れいしょ100kg@50　山川市場へ	薯	5,000		45,650
5	臨時雇人賄費支払	雇		2,000	
〃	鶏卵販売10kg@200　乙野商店へ	素畜	2,000		45,650
6	農協より預金引出し	普出	130,000		
〃	家計費	事貸		10,000	
〃	飼料費(成鶏配合5袋@1500)農協支払	飼		7,500	
〃	作業衣上下1着購入	衣		5,000	153,150
7	専従者へ給与支払　2人分	専		140,000	
〃	農協より預金引出し	普出	500,000		
〃	家屋修理	（修）		500,000	13,150
	次頁へ繰越		1,846,500	1,880,900	13,150

現 金 出 納 帳

月日	摘要	科目	入金	出金	残高
	前年より繰越		円	円	円
	次頁へ繰越				

現金出納帳

月日	摘要	科目	入金	出金	残高
	前頁より繰越		円	円	円
	次頁へ繰越				

現　金　出　納　帳

月日	摘　　　要	科　目	入　金	出　金	残　高
	前頁より繰越		円	円	円
	次頁へ繰越				

現金出納帳

月日	摘要	科目	入金	出金	残高
	前頁より繰越		円	円	円
	次頁へ繰越				

現金出納帳

月日	摘要	科目	入金	出金	残高
	前頁より繰越		円	円	円
	次頁へ繰越				

現 金 出 納 帳

月日	摘要	科目	入金	出金	残高
	前頁より繰越		円	円	円
	次頁へ繰越				

現　金　出　納　帳

月日	摘　　　要	科　目	入　金	出　金	残　高
	前頁より繰越		円	円	円
	次頁へ繰越				

現 金 出 納 帳

月日	摘要	科目	入金	出金	残高
	前頁より繰越		円	円	円
	次頁へ繰越				

現　金　出　納　帳

月日	摘　　要	科　目	入　金	出　金	残　高
	前頁より繰越		円	円	円
	次頁へ繰越				

現　金　出　納　帳

月日	摘　　　要	科　目	入　金	出　金	残　高
	前頁より繰越		円	円	円
	次頁へ繰越				

現　金　出　納　帳

月日	摘　　　要	科　目	入　金	出　金	残　高
	前頁より繰越		円	円	円
	次頁へ繰越				

現金出納帳

月日	摘　　要	科　目	入　金	出　金	残　高
	前頁より繰越		円	円	円
	次頁へ繰越				

現　金　出　納　帳

月日	摘　　　要	科　目	入　金	出　金	残　高
	前頁より繰越		円	円	円
	次頁へ繰越				

現　金　出　納　帳

月日	摘　　要	科　目	入　金	出　金	残　高
	前頁より繰越		円	円	円
	次頁へ繰越				

現　金　出　納　帳

月日	摘　　要	科　目	入　金	出　金	残　高
	前頁より繰越		円	円	円
	次頁へ繰越				

現　金　出　納　帳

月日	摘　　　要	科　目	入　金	出　金	残　高
	前頁より繰越		円	円	円
	次頁へ繰越				

現　金　出　納　帳

月日	摘　　　要	科　目	入　金	出　金	残　高
	前頁より繰越		円	円	円
	次頁へ繰越				

現　金　出　納　帳

月日	摘　　　要	科　目	入　金	出　金	残　高
	前頁より繰越		円	円	円
	次頁へ繰越				

現　金　出　納　帳

月日	摘　　　要	科　目	入　金	出　金	残　高
	前頁より繰越		円	円	円
	次頁へ繰越				

現　金　出　納　帳

月日	摘　　要	科　目	入　金	出　金	残　高
	前頁より繰越		円	円	円
	次頁へ繰越				

現　金　出　納　帳

月日	摘　　要	科　目	入　金	出　金	残　高
	前頁より繰越		円	円	円
	次頁へ繰越				

現　金　出　納　帳

月日	摘　　要	科　目	入　金	出　金	残　高
	前頁より繰越		円	円	円
	次頁へ繰越				

現　金　出　納　帳

月日	摘　　　　要	科　目	入　金	出　金	残　高
	前頁より繰越		円	円	円
	次頁へ繰越				

現 金 出 納 帳

月日	摘要	科目	入金	出金	残高
	前頁より繰越		円	円	円
	次頁へ繰越				

現金出納帳

月日	摘要	科目	入金	出金	残高
	前頁より繰越		円	円	円
	次頁へ繰越				

現金出納帳

月日	摘要	科目	入金	出金	残高
	前頁より繰越		円	円	円
	次頁へ繰越				

現　金　出　納　帳

月日	摘　　　要	科　目	入　金	出　金	残　高
	前頁より繰越		円	円	円
	次頁へ繰越				

現 金 出 納 帳

月日	摘要	科目	入金	出金	残高
	前頁より繰越		円	円	円
	次頁へ繰越				

現 金 出 納 帳

月日	摘　　要	科　目	入　金	出　金	残　高
	前頁より繰越		円	円	円
	次頁へ繰越				

現 金 出 納 帳

月日	摘　　要	科　目	入　金	出　金	残　高
	前頁より繰越		円	円	円
	次頁へ繰越				

現　金　出　納　帳

月日	摘　　　要	科　目	入　金	出　金	残　高
	前頁より繰越		円	円	円
	次頁へ繰越				

現金出納帳

月日	摘要	科目	入金	出金	残高
	前頁より繰越		円	円	円
	次頁へ繰越				

現　金　出　納　帳

月日	摘　　要	科　目	入　金	出　金	残　高
	前頁より繰越		円	円	円
	次頁へ繰越				

現　金　出　納　帳

月日	摘　　要	科　目	入　金	出　金	残　高
	前頁より繰越		円	円	円
	計				

2 預 金 出 納 帳

記入についての注意

(1) 預金出納帳は、預金の種類ごとにページを分けて、その預入、払戻のすべてについて、年月日や預金出納の事由、相手先、金額や日々の残高を現金出納帳の記載に準じて記帳します。

　(注) 預金出納帳は、普通預金通帳や定期預金証書などにより、代用することができますが、この場合には、普通預金通帳や定期預金証書などに入金又は出金した相手先の現金出納帳や科目別整理帳の記帳を忘れずにしてください。

(2) 普通預金などのその年中の利息は、決算整理において科目別整理帳の「事業主借」に記入します。

(記載例) 　　　　預　金　出　納　帳

（○△農協普通預金）

月日	摘　　要	科　目	預　入	払　戻	残　高
10月1日	前頁より繰越				1,200,000
2	預入れ		1,000,000		
4	引出し			100,000	
4	乙野商店より売掛金入金	売　入	6,000		
6	引出し			130,000	
7	引出し			500,000	
	次頁へ繰越		2,006,000	2,030,000	1,176,000

預 金 出 納 帳

( )

月日	摘要	科目	預入	払戻	残高
	前 より繰越		円	円	円
	次 へ繰越				

預 金 出 納 帳

(　　　)

月日	摘　　要	科　目	預　入	払　戻	残　高
	前　より繰越		円	円	円
	次　へ繰越				

預 金 出 納 帳

(　　　)

月日	摘　要	科　目	預　入	払　戻	残　高
	前　より繰越		円	円	円
	次　へ繰越				

預 金 出 納 帳

(　　　)

月日	摘要	科目	預入	払戻	残高
	前より繰越		円	円	円
	次へ繰越				

預 金 出 納 帳

(　　　)

月日	摘要	科目	預入	払戻	残高
	前 より繰越		円	円	円
	次 へ繰越				

預 金 出 納 帳

(　　　)

月日	摘要	科目	預入	払戻	残高
	前より繰越		円	円	円
	次へ繰越				

預 金 出 納 帳

(　　　　)

月日	摘　　要	科　目	預　入	払　戻	残　高
	前　より繰越		円	円	円
	次　へ繰越				

預 金 出 納 帳

(　　　　)

月日	摘　要	科　目	預　入	払　戻	残　高
	前 より繰越		円	円	円
	次 へ繰越				

預 金 出 納 帳

(　　　　)

月日	摘要	科目	預入	払戻	残高
	前 より繰越		円	円	円
	次 へ繰越				

預 金 出 納 帳

(　　　)

月日	摘要	科目	預入	払戻	残高
	前より繰越		円	円	円
	次へ繰越				

預　金　出　納　帳

(　　　　)

月日	摘　　要	科　目	預　入	払　戻	残　高
	前　より繰越		円	円	円
	次　へ繰越				

預 金 出 納 帳

(　　　)

月日	摘要	科目	預入	払戻	残高
	前より繰越		円	円	円
	次へ繰越				

預 金 出 納 帳

(　　　)

月日	摘要	科目	預入	払戻	残高
	前 より繰越		円	円	円
	次 へ繰越				

預金出納帳

(　　　　)

月日	摘　　　要	科　目	預　入	払　戻	残　高
	前　より繰越		円	円	円
	次　へ繰越				

預金出納帳

(　　　)

月日	摘　　要	科　目	預　入	払　戻	残　高
	前　より繰越		円	円	円
	次　へ繰越				

預 金 出 納 帳

(　　　)

月日	摘要	科目	預入	払戻	残高
	前より繰越		円	円	円
	次へ繰越				

預 金 出 納 帳

(　　　)

月日	摘　　要	科　目	預　入	払　戻	残　高
	前　より繰越		円	円	円
	次　へ繰越				

預金出納帳

(   )

月日	摘要	科目	預入	払戻	残高
	前より繰越		円	円	円
	次へ繰越				

預　金　出　納　帳

(　　　　)

月日	摘　　　要	科　目	預　入	払　戻	残　高
	前　より繰越		円	円	円
	次　へ繰越				

預　金　出　納　帳

（　　　　）

月日	摘　　要	科　目	預　入	払　戻	残　高
	前　より繰越		円	円	円
	次　へ繰越				

預 金 出 納 帳

(　　　　)

月日	摘　　要	科　目	預　入	払　戻	残　高
	前　より繰越		円	円	円
	次　へ繰越				

預金出納帳

(　　　　)

月日	摘要	科目	預入	払戻	残高
	前より繰越		円	円	円
	次へ繰越				

3 農産物受払帳

記入についての注意

(1) 農産物受払帳には、農産物について、収穫をした場合は種類ごとに収穫年月日、数量を記帳し、販売又は家事消費等があった場合は、その取引年月日、給付の内容、数量及び金額を記帳します。

　なお、野菜等の生鮮な農産物については、この受払帳へ記帳しなくてもよいことになっていますから、「現金出納帳」「科目別整理帳」へ直接記帳します。

　　(注) 生鮮な農産物とは、すべての野菜類と果実のうち、なし・ぶどう・もも・びわ・うめ・かき・あんず・すももなどをいいます。

(2) 家事消費等は、年末に一括して記帳すればよいとされていますが、事業用消費のように年末整理では不正確になると思われる場合は、そのつど記帳してください。

(3) 「受入」欄は、その数量だけを記帳します。

(4) 「販売」欄は、現金売りと掛売りの別に記帳し、その金額を現金売りのものは「現金出納帳」へ、掛売りのものは「売掛帳」へそれぞれ転記します。

(5) 「事業用」欄は、事業用に消費した場合又は事業用経費等の対価として現物を払出した場合に記帳し、その金額を「科目別整理帳」の該当する収入科目と経費科目の両方へ転記します。

(6) 「家事用」欄は、家事用（贈与を含む。）に消費した場合に記帳し、その金額を「科目別整理帳」の該当する収入科目と家事費（「事業主貸」）科目の両方に記入します。

(7) 「残高」欄の年末残高は、「年末棚卸表」へ種類別に転記します。

(8) 肉用鶏や肉用豚などを多数飼育している場合は、この受払帳を利用して記帳しておくと便利です。

※ **現金主義会計**を選択している青色申告者の場合には、原則として、この受払帳の記帳の必要はありません。

※ **白色の記帳制度適用者**の場合には、米、麦その他の穀物を収穫したときに、その収穫年月日、農産物の種類及び数量を記載すればよいことになっていますが、この農産物受払帳をそのつど記帳すれば、常時在庫管理ができ、年末棚卸も的確に行うことができます。

（記載例）

農産物受払帳

| 科目 | 稲 | 種類 | 米 |

月日		摘要	科目	受入		払出						残高
				生産	その他	販売		事業用		家事用		
						数量	金額	数量	金額	数量	金額	
1	1	前年より繰越 （前年末棚卸高）		kg	kg	kg	円	kg	円	kg	円	kg 675
	10	飯米用	（事貸）							60	16,500	615
2	10	飯米用	（事貸）							90	24,750	525
4	1	飯米用	（事貸）							60	16,500	465
	3	苗代播種	種					45	12,300			420
5	1	飯米用	（事貸）							60	16,500	360
	5	臨時雇人飯米	雇					15	4,125			345
6	1	飯米用	（事貸）							60	16,500	285
	10	臨時雇人飯米	雇					15	4,125			270
7	1	飯米用	（事貸）							60	16,500	210
	5	除草剤と交換	薬					30	8,250			180
8	1	飯米用	（事貸）							60	16,500	120
	15	仙台太郎へ売却	現金			60	17,500					60
9	1	飯米用	（事貸）							60	16,500	0
9	30	本年生産（第1回）		100俵 6,000								6,000
10	1	飯米用	（事貸）							60	16,500	5,940
	2	農協2等20俵売渡 　　3等50俵	現金			4,200	1,099,000					1,740
	5	硫安3俵と交換	肥					30	8,250			1,710
	7	臨時雇人飯米	雇					20	5,500			1,690
	15	耕うん機 賃耕料分として	雑収		120							1,810
	19	本年生産（第2回）		60俵 3,600								5,410
	20	農協へ1等70俵売渡	売掛			4,200	1,190,000					1,210
10	30	飯米用	（事貸）							90	24,750	1,120
12	20	飯米用	（事貸）							60	16,500	1,060
	31	年末たな卸減耗分		△ 10								1,050
		計		9,590	120	8,460	2,306,500	155	42,550	720	198,000	1,050

農産物受払帳

科目		種類	

月日	摘要	科目	受入		払出						残高
			生産	その他	販売		事業用		家事用		
					数量	金額	数量	金額	数量	金額	
	前年より繰越 (前年末棚卸高)		kg	kg	kg	円	kg	円	kg	円	kg

農産物受払帳

科目		種類	

月日	摘要	科目	受入		払出						残高
			生産	その他	販売		事業用		家事用		
					数量	金額	数量	金額	数量	金額	
	前より繰越		kg	kg	kg	円	kg	円	kg	円	kg

農産物受払帳

科目		種類	

月日	摘要	科目	受入		払出						残高
			生産	その他	販売		事業用		家事用		
					数量	金額	数量	金額	数量	金額	
	前より繰越		kg	kg	kg	円	kg	円	kg	円	kg

農産物受払帳

科目		種類	

月日	摘要	科目	受入		払出						残高
			生産	その他	販売		事業用		家事用		
					数量	金額	数量	金額	数量	金額	
	前より繰越		kg	kg	kg	円	kg	円	kg	円	kg

農産物受払帳

科目		種類	

月日	摘要	科目	受入		払出						残高
			生産	その他	販売		事業用		家事用		
					数量	金額	数量	金額	数量	金額	
	前より繰越		kg	kg	kg	円	kg	円	kg	円	kg

農産物受払帳

科目		種類	

月日	摘要	科目	受入		払出						残高
			生産	その他	販売		事業用		家事用		
					数量	金額	数量	金額	数量	金額	
	前より繰越		kg	kg	kg	円	kg	円	kg	円	kg

農産物受払帳

科目		種類	

月日	摘要	科目	受入		払出						残高
			生産	その他	販売		事業用		家事用		
					数量	金額	数量	金額	数量	金額	
	前より繰越		kg	kg	kg	円	kg	円	kg	円	kg

農産物受払帳

科目		種類	

月日	摘要	科目	受入		払出						残高
			生産	その他	販売		事業用		家事用		
					数量	金額	数量	金額	数量	金額	
	前より繰越		kg	kg	kg	円	kg	円	kg	円	kg

農産物受払帳

科目		種類	

月日	摘要	科目	受入		払出						残高
			生産	その他	販売		事業用		家事用		
					数量	金額	数量	金額	数量	金額	
	前より繰越		kg	kg	kg	円	kg	円	kg	円	kg

農産物受払帳

科目		種類	

月日	摘要	科目	受入		払出						残高
			生産	その他	販売		事業用		家事用		
					数量	金額	数量	金額	数量	金額	
	前より繰越		kg	kg	kg	円	kg	円	kg	円	kg

農産物受払帳

科目		種類	

月日	摘要	科目	受入		払出						残高
			生産	その他	販売		事業用		家事用		
					数量	金額	数量	金額	数量	金額	
	前より繰越		kg	kg	kg	円	kg	円	kg	円	kg

農産物受払帳

科目		種類	

月日	摘要	科目	受入		払出						残高
			生産	その他	販売		事業用		家事用		
					数量	金額	数量	金額	数量	金額	
	前より繰越		kg	kg	kg	円	kg	円	kg	円	kg

4 売掛（未収）帳／買掛（未払）帳

記入についての注意

(1) 売掛（未収）帳には、農産物等を販売して代金が未収となった場合やその未収代金が入金した場合に記帳します。

(2) 買掛（未払）帳には、農業について生じた費用を未払とした場合やその未払代金を支払った場合に記帳します。

(3) 特定の取引先と継続的に多数の取引がある場合には、独立した人名口座（○○農協、××市場、△△商店など）をページを分けて設けて記帳します。また、売掛金と未収金又は買掛金と未払金を区分して記帳した方が便利なときは、それぞれページを分けて独立した科目を設けて記帳します。

(4) 売掛（未収）や買掛（未払）は、原則としてその発生のつど記帳し、「科目別整理帳」へそれぞれ転記しますが、取引に関する納品書控や請求書控等によってその内容を確認できる場合（費用については、納品書や請求書等によってその内容を確認できるかどうかを問わない。）は、売掛（未収）帳等への日々の記帳を省略し、入金又は出金したとき、現金売上又は必要経費として記帳をしておき、年初と年末の残高を、決算期に「年末補正表」に転記すればよいことになっています。この場合の計算は、次のとおりです。

「収入金＝現金入金＋売掛（未収）金の年末残高－売掛（未収）金の年初残高」
「必要経費＝現金出金＋買掛（未払）金の年末残高－買掛（未払）金の年初残高」

(5) 原則的な記帳を行う場合であっても、納品書控や請求書控等によってその内容を確認できるときは、取引先別に、その日の合計金額だけを記帳することができます。

※ **現金主義会計**を選択している青色申告者の場合には、この売掛（未収）帳、買掛（未払）帳の記帳は必要ありません。

※ **白色の記帳制度適用者**の場合には、この売掛（未収）帳、買掛（未払）帳の記帳は、法令上の要件とはされていませんが、少なくとも年末の売掛（未収）金や買掛（未払）金の残高は把握しなければなりませんので、記帳した方が便利です。

(記載例) 　　　　　　　　　売 掛 (未 収) 帳

月	日	摘　要	科目	売掛(未収)金	入　金	残　高
1	1	前年より繰越　山川市場 りんご10箱　16,000円 　　　　　　　乙野商店　野菜　　　4,000円		円	円	20,000 円
2	10	乙野商店へ鶏卵　20kg　@150		3,000		23,000
3	1	山川市場　りんご代金（10箱分）入金	果		16,000	7,000
4	1	乙野商店　野菜分入金	野		4,000	3,000
〃	〃	〃　　鶏卵分　〃	畜		3,000	0
6	20	山川市場へ馬れいしょ　200kg　@50		10,000		10,000
7	10	乙野商店へキャベツ120kg　@50		6,000		16,000
8	1	山川市場より　馬れいしょ分入金	薯		10,000	6,000
9	20	〃　へりんご　100箱　@1,800		180,000		186,000
〃	30	〃　より りんご50箱分入金	果		90,000	96,000
10	4	乙野商店より　キャベツ分農協振込み	野		6,000	90,000
12	31	翌年へ繰越　山川市場りんご50箱分				90,000
		計		199,000	129,000	

(記載例) 　　　　　　　　　買 掛 (未 払) 帳

月	日	摘　要	科目	買掛(未払)金	支　払	残　高
1	1	前年より繰越　農協分（肥料15,000円農薬15,000円）		円	円	30,000 円
2	10	農協より種もみ		25,000		55,000
4	1	〃　肥料（硫安外）		67,000		122,000
6	10	甲野商店より除草機1台　5,000		5,000		127,000
8	1	農協へ種もみ分支払	種		25,000	102,000
8	20	〃　より農薬（除草剤外）		10,000		112,000
10	2	〃　へ肥料分支払	肥		52,000	60,000
〃	10	甲野商店、耕うん機修理代		5,000		65,000
11	1	〃　　　〃　　支払	修		5,000	60,000
〃	10	農協へ農薬分支払	薬		15,000	45,000
〃	15	甲野商店除草機分支払	農具		5,000	40,000
12	31	翌年へ繰越　農協分（肥料30,000円農薬10,000円）				40,000
		計		112,000	102,000	

売 掛 (未 収) 帳

月日	摘要	科目	売掛(未収)金	入金	残高
	前年より繰越		円	円	円
	次頁へ繰越				

売　掛（未　収）帳

月日	摘　　要	科　目	売掛(未収)金	入　金	残　高
	前　より繰越		円	円	円
	次頁へ繰越				

売　掛（未　収）帳

月日	摘　　要	科　目	売掛(未収)金	入　金	残　高
	前　より繰越		円	円	円
	次頁へ繰越				

売　掛（未　収）帳

月日	摘　　要	科　目	売掛(未収)金	入　金	残　高
	前　より繰越		円	円	円
	次頁へ繰越				

売　掛（未　収）帳

月日	摘　　要	科　目	売掛(未収)金	入　金	残　高
	前　より繰越		円	円	円
	次頁へ繰越				

売　掛（未　収）帳

月日	摘　　要	科　目	売掛(未収)金	入　金	残　高
	前　より繰越		円	円	円
	次頁へ繰越				

売　掛（未　収）帳

月日	摘　　要	科　目	売掛(未収)金	入　金	残　高
	前　より繰越		円	円	円
	次頁へ繰越				

売　掛（未　収）帳

月日	摘　　　要	科　目	売掛(未収)金	入　金	残　高
	前　より繰越		円	円	円

買　掛（未　払）帳

月日	摘　　要	科　目	買掛(未払)金	支　払	残　高
	前年より繰越		円	円	円
	次頁へ繰越				

買　掛（未　払）帳

月日	摘　　要	科　目	買掛(未払)金	支　払	残　高
	前より繰越		円	円	円
	次頁へ繰越				

買　掛（未　払）帳

月日	摘　　要	科　目	買掛(未払)金	支　払	残　高
	前　より繰越		円	円	円
	次頁へ繰越				

買　掛（未　払）帳

月日	摘　　要	科　目	買掛(未払)金	支　払	残　高
	前　より繰越		円	円	円
	次頁へ繰越				

買　掛（未　払）帳

月日	摘　　要	科　目	買掛(未払)金	支　払	残　高
	前　より繰越		円	円	円
	次頁へ繰越				

買　掛（未　払）帳

月日	摘　　要	科　目	買掛(未払)金	支　払	残　高
	前　より繰越		円	円	円

5　前受（仮受）金　整理帳
　　　前払（仮払）金

記入についての注意

(1)　前受（仮受）金整理帳には、農産物等の売渡しを条件として前金を受取った場合に記帳します。
　　「受入金額」欄には、現金を受取ったときに、「現物払出」欄には、現物を引き渡したときに、それぞれ記帳します。

(2)　前払（仮払）金整理帳には、肥料、農薬、資材等を購入するため、前金を支払った場合に記帳します。
　　「支払金額」欄には、現金を支払ったときに、「現物受入」欄には、その支払いの目的となった現物を受取ったときに、それぞれ記帳します。

(3)　この整理帳の記帳の省略や転記の方法等は、売掛（未収）・買掛（未払）帳（79ページ）の「記入についての注意」を参照してください。

※　**現金主義会計**を選択している青色申告者の場合には、この整理帳の記帳は必要ありません。

※　**白色の記帳制度適用者**の場合には、この整理帳の記帳は法令上の要件とはされていませんが、少なくとも年末の前受（仮受）金や前払（仮払）金の残高は把握しなければなりませんので、記帳した方が便利です。

(記載例) 　　　　　　　　前受（仮受）金整理帳

月	日	摘　　　要	科目	受入金額	現物払出	残　高
1	1	前年より繰越　仙野市場りんご50箱分　80,000円 宮原青果　〃　100〃　160,000円		円	円	円 240,000
3	3	仙野市場へりんご　50箱			80,000	160,000
4	1	宮原青果へ　〃　50〃			80,000	80,000
	10	〃			80,000	0
～	～	～	～	～	～	～
8	10	宮原青果よりりんご100箱分＠1,800	果	180,000		180,000
10	1	宮原青果へりんご50箱			90,000	90,000
12	31	翌年へ繰越　宮原青果りんご50箱分　90,000円				90,000
		計		180,000	330,000	90,000

(記載例) 　　　　　　　　前払（仮払）金整理帳

月	日	摘　　　要	科目	支払金額	現物受入	残　高
1	1	前年より繰越　仙北商会段ボール箱50,000円		円	円	円 50,000
2	10	仙北商会より段ボール箱			50,000	0
7	1	仙北商会へ段ボール箱500　@150	材	75,000		75,000
～	～	～	～	～	～	～
9	10	仙北商会より段ボール箱200			30,000	25,000
12	31	翌年へ繰越　仙北商会段ボール箱				25,000
		計		75,000	100,000	25,000

前受（仮受）金整理帳

月日	摘要	科目	受入金額	現物払出	残高
	前年より繰越		円	円	円
	次頁へ繰越				

前受(仮受)金整理帳

月日	摘要	科目	受入金額	現物払出	残高
	前頁より繰越		円	円	円
	次頁へ繰越				

前受(仮受)金整理帳

月日	摘要	科目	受入金額	現物払出	残高
	前頁より繰越		円	円	円
	次頁へ繰越				

前受(仮受)金整理帳

月日	摘要	科目	受入金額	現物払出	残高
	前頁より繰越		円	円	円
	次頁へ繰越				

前払（仮払）金整理帳

月日	摘要	科目	受入金額	現物払出	残高
	前年より繰越		円	円	円
	次頁へ繰越				

前払（仮払）金整理帳

月日	摘要	科目	受入金額	現物払出	残高
	前頁より繰越		円	円	円
	次頁へ繰越				

前払（仮払）金整理帳

月日	摘要	科目	受入金額	現物払出	残高
	前頁より繰越		円	円	円
	次頁へ繰越				

前払（仮払）金整理帳

月日	摘要	科目	受入金額	現物払出	残高
	前頁より繰越		円	円	円
	計				

6 債権債務整理帳

記入についての注意

(1) 債権債務整理帳は、有価証券、貸付金、借入金など前記の4及び5の整理帳で記帳するもの以外の債権債務について、その種類ごとにページを分けて、その発生額、消滅額及び残高について記入します。

(2) 借入金の返済にあたり、元本と利息を同時に支払っている場合には、債権債務整理帳は元本のみの記帳となります。仕訳で示すと次のとおりです。

借入金　　×××　　現金（又は普通預金）　×××
利子割引料　×××

（注）利子割引料は、科目別整理帳に転記します。

(3) 債権債務整理帳の「　　金額」欄には、例えば次のように適当な文言を入れてください。

（例）有価証券……「購入金額」、「売渡金額」
　　　貸付金………「貸付金額」、「返済金額」
　　　借入金………「借入金額」、「返済金額」

(4) この整理帳は、45万円の青色申告特別控除の適用を受けるための貸借対照表を作成する際に必要となりますので、ぜひ記帳されるようおすすめします。

※　**現金主義会計**を選択している青色申告者の場合には、この整理帳の記帳は必要ありません。

※　**白色の記帳制度適用者**の場合には、この整理帳の記帳は法令上の要件とはされていませんが、少なくとも年末のそれぞれの残高は把握しなければなりませんので、記帳した方が便利です。

(記載例) 　　　　　　　　借入金　整理帳

月 日	摘　　要	科目	借入　金額	返済　金額	残　高
1／1	前年より繰越　○○農協		円	円	円 1,500,000
1／10	1月分返済　○○農協			50,000	1,450,000
2／10	2月分返済　○○農協			50,000	1,400,000
〜	〜	〜	〜	〜	〜
10／15	借入　　　　○○銀行		500,000		1,500,000
11／10	11月分返済　○○農協　50,000　　○○銀行　25,000			75,000	1,425,000
12／10	12月分返済　○○農協　50,000　　○○銀行　25,000			75,000	1,350,000
	計		500,000	650,000	1,350,000

(記載例) 　　　　　　　　貸付金　整理帳

月 日	摘　　要	科目	貸付　金額	返済　金額	残　高
5／10	○○商店へ運転資金として貸付け		500,000		500,000
12／10	○○商店から返済			500,000	0
	計		500,000	500,000	0

整理帳

月日	摘要	科目	金額	金額	残高
			円	円	円

整理帳

月日	摘要	科目	金額	金額	残高
			円	円	円

　　　　　　整理帳

月日	摘　　　要	科　目	金額	金額	残　高
			円	円	円

整理帳

月日	摘要	科目	金額	金額	残高
			円	円	円

7　作 業 日 記 帳

記入についての注意

(1)　作業日記帳の記帳は、所得金額の計算には必要ではありませんし、法令上の備付帳簿ともされていませんが、現金出納帳等では表現されない農作業の毎日の流れが記録されるので、作物のは種期などの目安に利用することができますから、将来の農業経営の指針や経営分析のための資料として、ぜひ記帳されるようおすすめします。

(2)　「計」欄は、季節的な農作業の始めから終りまでに要した従事日数や延時間を記帳します。

(3)　作業別従事の内訳を雇人、経営主、家族に区分するとともに、機械別の稼動時間を記帳しておけば、翌年以降の作業計画をたてるときに便利です。

(記載例)　　　　　　　## 作業日記帳

6月	作業名／従事者	麦刈	麦乾燥	野菜消毒	野菜収穫	野菜出荷				小計	メモ
15日	経営主	1.0日	日	日	日	日	日	日	日	1.0日	麦刈取　30アール
	妻				0.5					0.5	きゅうり収穫　150kg
	長男		0.5		0.3					0.8	
天候	臨時雇	人	人	人	人	人	人	人	人	人	
晴	機械 コンバイン	時間6	時間	時間	時間	時間	時間	時間	時間	時間6	
	乾燥機		2							2	
16日	経営主	1.0								1.0	麦刈取　40アール
	妻		0.3	0.5						0.8	なす収穫　140kg
	長男		0.5	0.3	0.2					1.0	キャベツ消毒　30アール
天候	臨時雇	人	人	人	人	人	人	人	人	人	
曇	機械 コンバイン	時間6	時間	時間	時間	時間	時間	時間	時間	時間6	
	乾燥機		2							2	
17日	経営主										雨強く、麦刈中止
	妻				0.5					0.5	トマト収穫　200kg
	長男				0.5	0.4				0.9	農業委員会議
天候	臨時雇	人	人	人	人	人	人	人	人	人	
雨	機械	時間	時間	時間	時間	時間	時間	時間	時間	時間	
18日	経営主	0.5		0.2	0.3					1.0	麦刈取　20アール
	妻			0.3						0.3	トマト消毒　30アール
	長男		0.3	0.2						0.5	きゅうり収穫　200kg
天候	臨時雇	人	人	人0.5	人	人	人	人	人	人0.5	
晴	機械 コンバイン	時間3	時間	時間	時間	時間	時間	時間	時間	時間3	
	乾燥機		1							1	
19日	経営主	1.0								1.0	麦刈取　50アール
	妻				0.5					0.5	なす収穫　160kg
	長男		0.5		0.2					0.7	
天候	臨時雇	人	人	人	人	人	人	人	人	人	
曇	機械 コンバイン	時間6	時間	時間	時間	時間	時間	時間	時間	時間6	
	乾燥機		2							2	
15〜19日計	(人力)	3.5	1.8	1.0	3.3	1.4				11.0	左のうち 人 人 人 臨時雇（男　女0.5 計0.5）
	(機械)	21	7							28	機械別　コンバイン 時間21　乾燥機 時間7

作業日記帳

月	作業名＼従業者									小計	メ　モ
日	経　営　主	日	日	日	日	日	日	日	日		
天候	臨　時　雇	人	人	人	人	人	人	人	人		
	機械	時間	時間	時間	時間	時間	時間	時間	時間		
日	経　営　主										
天候	臨　時　雇	人	人	人	人	人	人	人	人		
	機械	時間	時間	時間	時間	時間	時間	時間	時間		
日	経　営　主										
天候	臨　時　雇	人	人	人	人	人	人	人	人		
	機械	時間	時間	時間	時間	時間	時間	時間	時間		
日	経　営　主										
天候	臨　時　雇	人	人	人	人	人	人	人	人		
	機械	時間	時間	時間	時間	時間	時間	時間	時間		
日	経　営　主										
天候	臨　時　雇	人	人	人	人	人	人	人	人		
	機械	時間	時間	時間	時間	時間	時間	時間	時間		
計	（人力）									左のうち　人　人　人　臨時雇（男　女　計　）	
	（機械）									機械別　　時間　　時間	

作業日記帳

月	作業名／従業者									小計	メモ
日	経営主	日	日	日	日	日	日	日	日		
天候	臨時雇	人	人	人	人	人	人	人	人		
	機械	時間	時間	時間	時間	時間	時間	時間	時間		
日	経営主										
天候	臨時雇	人	人	人	人	人	人	人	人		
	機械	時間	時間	時間	時間	時間	時間	時間	時間		
日	経営主										
天候	臨時雇	人	人	人	人	人	人	人	人		
	機械	時間	時間	時間	時間	時間	時間	時間	時間		
日	経営主										
天候	臨時雇	人	人	人	人	人	人	人	人		
	機械	時間	時間	時間	時間	時間	時間	時間	時間		
日	経営主										
天候	臨時雇	人	人	人	人	人	人	人	人		
	機械	時間	時間	時間	時間	時間	時間	時間	時間		
計	（人力）									左のうち　人　人　人　臨時雇（男　女　計　）	
	（機械）									機械別　　時間　　時間	

作業日記帳

月	作業名／従業者									小計	メ　モ
日	経 営 主	日	日	日	日	日	日	日	日		
天候	臨 時 雇	人	人	人	人	人	人	人	人		
	機械	時間	時間	時間	時間	時間	時間	時間	時間		
日	経 営 主										
天候	臨 時 雇	人	人	人	人	人	人	人	人		
	機械	時間	時間	時間	時間	時間	時間	時間	時間		
日	経 営 主										
天候	臨 時 雇	人	人	人	人	人	人	人	人		
	機械	時間	時間	時間	時間	時間	時間	時間	時間		
日	経 営 主										
天候	臨 時 雇	人	人	人	人	人	人	人	人		
	機械	時間	時間	時間	時間	時間	時間	時間	時間		
日	経 営 主										
天候	臨 時 雇	人	人	人	人	人	人	人	人		
	機械	時間	時間	時間	時間	時間	時間	時間	時間		
計	（人力）										左のうち　人　人　人 臨時雇（男　女　計　）
	（機械）										機械別　　時間　　時間

作業日記帳

月	作業名／従業者									小計	メモ
日	経営主	日	日	日	日	日	日	日	日	日	
天候	臨時雇	人	人	人	人	人	人	人	人	人	
	機械	時間	時間	時間	時間	時間	時間	時間	時間	時間	
日	経営主										
天候	臨時雇	人	人	人	人	人	人	人	人	人	
	機械	時間	時間	時間	時間	時間	時間	時間	時間	時間	
日	経営主										
天候	臨時雇	人	人	人	人	人	人	人	人	人	
	機械	時間	時間	時間	時間	時間	時間	時間	時間	時間	
日	経営主										
天候	臨時雇	人	人	人	人	人	人	人	人	人	
	機械	時間	時間	時間	時間	時間	時間	時間	時間	時間	
日	経営主										
天候	臨時雇	人	人	人	人	人	人	人	人	人	
	機械	時間	時間	時間	時間	時間	時間	時間	時間	時間	
計	（人力）									左のうち　　　人　人　人 臨時雇（男　女　計　）	
	（機械）									機械別　　時間　　　時間	

作業日記帳

月	作業名／従業者									小計	メモ
日	経営主	日	日	日	日	日	日	日	日		
天候	臨時雇	人	人	人	人	人	人	人	人		
	機械	時間	時間	時間	時間	時間	時間	時間	時間		
日	経営主										
天候	臨時雇	人	人	人	人	人	人	人	人		
	機械	時間	時間	時間	時間	時間	時間	時間	時間		
日	経営主										
天候	臨時雇	人	人	人	人	人	人	人	人		
	機械	時間	時間	時間	時間	時間	時間	時間	時間		
日	経営主										
天候	臨時雇	人	人	人	人	人	人	人	人		
	機械	時間	時間	時間	時間	時間	時間	時間	時間		
日	経営主										
天候	臨時雇	人	人	人	人	人	人	人	人		
	機械	時間	時間	時間	時間	時間	時間	時間	時間		
計	（人力）									左のうち 人 人 人／臨時雇（男 女 計 ）	
	（機械）									機械別　　　時間　　　時間	

作業日記帳

月	作業名＼従業者									小計	メ モ	
日	経 営 主	日	日	日	日	日	日	日	日	日		
天候	臨 時 雇	人	人	人	人	人	人	人	人	人		
	機械	時間	時間	時間	時間	時間	時間	時間	時間	時間		
日	経 営 主											
天候	臨 時 雇	人	人	人	人	人	人	人	人	人		
	機械	時間	時間	時間	時間	時間	時間	時間	時間	時間		
日	経 営 主											
天候	臨 時 雇	人	人	人	人	人	人	人	人	人		
	機械	時間	時間	時間	時間	時間	時間	時間	時間	時間		
日	経 営 主											
天候	臨 時 雇	人	人	人	人	人	人	人	人	人		
	機械	時間	時間	時間	時間	時間	時間	時間	時間	時間		
日	経 営 主											
天候	臨 時 雇	人	人	人	人	人	人	人	人	人		
	機械	時間	時間	時間	時間	時間	時間	時間	時間	時間		
計	（人力）										左のうち　人　人　人 臨時雇（男　女　計　）	
	（機械）										機械別	時間　時間

作業日記帳

月	作業名\従業者									小計	メモ
日	経営主	日	日	日	日	日	日	日	日	日	
天候	臨時雇	人	人	人	人	人	人	人	人	人	
	機械										
		時間	時間	時間	時間	時間	時間	時間	時間	時間	
日	経営主										
天候	臨時雇	人	人	人	人	人	人	人	人	人	
	機械										
		時間	時間	時間	時間	時間	時間	時間	時間	時間	
日	経営主										
天候	臨時雇	人	人	人	人	人	人	人	人	人	
	機械										
		時間	時間	時間	時間	時間	時間	時間	時間	時間	
日	経営主										
天候	臨時雇	人	人	人	人	人	人	人	人	人	
	機械										
		時間	時間	時間	時間	時間	時間	時間	時間	時間	
日	経営主										
天候	臨時雇	人	人	人	人	人	人	人	人	人	
	機械										
		時間	時間	時間	時間	時間	時間	時間	時間	時間	
計	（人力）										左のうち 人 人 人 臨時雇（男　女　計　）
	（機械）										機械別　　時間　　時間

作　業　日　記　帳

月	作業名 従業者									小計	メ　　モ
日	経　営　主	日	日	日	日	日	日	日	日		
天候	臨　時　雇	人	人	人	人	人	人	人	人		
	機械	時間	時間	時間	時間	時間	時間	時間	時間		
日	経　営　主										
天候	臨　時　雇	人	人	人	人	人	人	人	人		
	機械	時間	時間	時間	時間	時間	時間	時間	時間		
日	経　営　主										
天候	臨　時　雇	人	人	人	人	人	人	人	人		
	機械	時間	時間	時間	時間	時間	時間	時間	時間		
日	経　営　主										
天候	臨　時　雇	人	人	人	人	人	人	人	人		
	機械	時間	時間	時間	時間	時間	時間	時間	時間		
日	経　営　主										
天候	臨　時　雇	人	人	人	人	人	人	人	人		
	機械	時間	時間	時間	時間	時間	時間	時間	時間		
計	（人力）									左のうち　　人　人　人 臨時雇（男　女　計　）	
	（機械）									機械別　　時間　　時間	

作 業 日 記 帳

月	作業名＼従業者									小計	メ モ
日	経 営 主	日	日	日	日	日	日	日	日	日	
天候	臨 時 雇	人	人	人	人	人	人	人	人	人	
	機械	時間	時間	時間	時間	時間	時間	時間	時間	時間	
日	経 営 主										
天候	臨 時 雇	人	人	人	人	人	人	人	人		
	機械	時間	時間	時間	時間	時間	時間	時間	時間		
日	経 営 主										
天候	臨 時 雇	人	人	人	人	人	人	人	人		
	機械	時間	時間	時間	時間	時間	時間	時間	時間		
日	経 営 主										
天候	臨 時 雇	人	人	人	人	人	人	人	人		
	機械	時間	時間	時間	時間	時間	時間	時間	時間		
日	経 営 主										
天候	臨 時 雇	人	人	人	人	人	人	人	人		
	機械	時間	時間	時間	時間	時間	時間	時間	時間		
計	（人力）										左のうち　人　人　人　臨時雇（男　女　計　）
	（機械）										機械別　時間　時間

作 業 日 記 帳

月	作業名／従業者									小計	メ モ
日	経 営 主	日	日	日	日	日	日	日	日	日	
天候	臨 時 雇	人	人	人	人	人	人	人	人	人	
	機械	時間	時間	時間	時間	時間	時間	時間	時間		
日	経 営 主										
天候	臨 時 雇	人	人	人	人	人	人	人	人		
	機械	時間	時間	時間	時間	時間	時間	時間	時間		
日	経 営 主										
天候	臨 時 雇	人	人	人	人	人	人	人	人		
	機械	時間	時間	時間	時間	時間	時間	時間	時間		
日	経 営 主										
天候	臨 時 雇	人	人	人	人	人	人	人	人		
	機械	時間	時間	時間	時間	時間	時間	時間	時間		
日	経 営 主										
天候	臨 時 雇	人	人	人	人	人	人	人	人		
	機械	時間	時間	時間	時間	時間	時間	時間	時間		
計	（人力）									左のうち 人 人 人 臨時雇（男 女 計 ）	
	（機械）									機械別　　時間　　時間	

作 業 日 記 帳

月	作業名 従業者								小計	メ モ
日	経 営 主	日	日	日	日	日	日	日	日	
天候	臨 時 雇	人	人	人	人	人	人	人	人	
	機械	時間	時間	時間	時間	時間	時間	時間	時間	
日	経 営 主									
天候	臨 時 雇	人	人	人	人	人	人	人	人	
	機械	時間	時間	時間	時間	時間	時間	時間	時間	
日	経 営 主									
天候	臨 時 雇	人	人	人	人	人	人	人	人	
	機械	時間	時間	時間	時間	時間	時間	時間	時間	
日	経 営 主									
天候	臨 時 雇	人	人	人	人	人	人	人	人	
	機械	時間	時間	時間	時間	時間	時間	時間	時間	
日	経 営 主									
天候	臨 時 雇	人	人	人	人	人	人	人	人	
	機械	時間	時間	時間	時間	時間	時間	時間	時間	
計	（人力）								左のうち　人　人　人 臨時雇（男　女　計　）	
	（機械）								機械別　　時間　　　時間	

作業日記帳

月	作業名／従業者									小計	メモ
日	経営主	日	日	日	日	日	日	日	日	日	
天候	臨時雇	人	人	人	人	人	人	人	人	人	
	機械	時間	時間	時間	時間	時間	時間	時間	時間	時間	
日	経営主										
天候	臨時雇	人	人	人	人	人	人	人	人	人	
	機械	時間	時間	時間	時間	時間	時間	時間	時間	時間	
日	経営主										
天候	臨時雇	人	人	人	人	人	人	人	人	人	
	機械	時間	時間	時間	時間	時間	時間	時間	時間	時間	
日	経営主										
天候	臨時雇	人	人	人	人	人	人	人	人	人	
	機械	時間	時間	時間	時間	時間	時間	時間	時間	時間	
日	経営主										
天候	臨時雇	人	人	人	人	人	人	人	人	人	
	機械	時間	時間	時間	時間	時間	時間	時間	時間	時間	
計	（人力）										左のうち　人　人　人 臨時雇（男　女　計　）
	（機械）										機械別　　時間　　時間

作業日記帳

月	作業名／従業者									小計	メ モ
日	経 営 主	日	日	日	日	日	日	日	日	日	
天候	臨 時 雇	人	人	人	人	人	人	人	人		
	機械	時間	時間	時間	時間	時間	時間	時間	時間		
日	経 営 主										
天候	臨 時 雇	人	人	人	人	人	人	人	人		
	機械	時間	時間	時間	時間	時間	時間	時間	時間		
日	経 営 主										
天候	臨 時 雇	人	人	人	人	人	人	人	人		
	機械	時間	時間	時間	時間	時間	時間	時間	時間		
日	経 営 主										
天候	臨 時 雇	人	人	人	人	人	人	人	人		
	機械	時間	時間	時間	時間	時間	時間	時間	時間		
日	経 営 主										
天候	臨 時 雇	人	人	人	人	人	人	人	人		
	機械	時間	時間	時間	時間	時間	時間	時間	時間		
計	（人力）									左のうち 人 人 人 臨時雇（男 女 計 ）	
	（機械）									機械別　　時間　　時間	

作業日記帳

月	作業名＼従業者									小計	メモ	
日	経営主	日	日	日	日	日	日	日	日	日		
天候	臨時雇	人	人	人	人	人	人	人	人	人		
	機械	時間	時間	時間	時間	時間	時間	時間	時間	時間		
日	経営主											
天候	臨時雇	人	人	人	人	人	人	人	人	人		
	機械	時間	時間	時間	時間	時間	時間	時間	時間	時間		
日	経営主											
天候	臨時雇	人	人	人	人	人	人	人	人	人		
	機械	時間	時間	時間	時間	時間	時間	時間	時間	時間		
日	経営主											
天候	臨時雇	人	人	人	人	人	人	人	人	人		
	機械	時間	時間	時間	時間	時間	時間	時間	時間	時間		
日	経営主											
天候	臨時雇	人	人	人	人	人	人	人	人	人		
	機械	時間	時間	時間	時間	時間	時間	時間	時間	時間		
計	（人力）										左のうち 人 人 人 臨時雇（男 女 計 ）	
	（機械）										機械別	時間　時間

作業日記帳

月 / 作業名 / 従業者									小計	メ モ
日	経 営 主	日	日	日	日	日	日	日	日	
天候	臨 時 雇	人	人	人	人	人	人	人	人	
	機械	時間	時間	時間	時間	時間	時間	時間	時間	
日	経 営 主									
天候	臨 時 雇	人	人	人	人	人	人	人	人	
	機械	時間	時間	時間	時間	時間	時間	時間	時間	
日	経 営 主									
天候	臨 時 雇	人	人	人	人	人	人	人	人	
	機械	時間	時間	時間	時間	時間	時間	時間	時間	
日	経 営 主									
天候	臨 時 雇	人	人	人	人	人	人	人	人	
	機械	時間	時間	時間	時間	時間	時間	時間	時間	
日	経 営 主									
天候	臨 時 雇	人	人	人	人	人	人	人	人	
	機械	時間	時間	時間	時間	時間	時間	時間	時間	
計	（人力）								左のうち　人　人　人 臨時雇（男　女　計　）	
	（機械）								機械別　　時間　　時間	

作 業 日 記 帳

月	作業名＼従業者										小計	メ モ
日	経 営 主	日	日	日	日	日	日	日	日	日		
天候	臨 時 雇	人	人	人	人	人	人	人	人	人		
	機械	時間	時間	時間	時間	時間	時間	時間	時間	時間		
日	経 営 主											
天候	臨 時 雇	人	人	人	人	人	人	人	人	人		
	機械	時間	時間	時間	時間	時間	時間	時間	時間	時間		
日	経 営 主											
天候	臨 時 雇	人	人	人	人	人	人	人	人	人		
	機械	時間	時間	時間	時間	時間	時間	時間	時間	時間		
日	経 営 主											
天候	臨 時 雇	人	人	人	人	人	人	人	人	人		
	機械	時間	時間	時間	時間	時間	時間	時間	時間	時間		
日	経 営 主											
天候	臨 時 雇	人	人	人	人	人	人	人	人	人		
	機械	時間	時間	時間	時間	時間	時間	時間	時間	時間		
計	（人力）											左のうち　人　人　人　臨時雇（男　女　計　）
	（機械）											機械別　　時間　　時間

作 業 日 記 帳

月	作業名／従業者								小計	メ モ
日	経 営 主	日	日	日	日	日	日	日	日	
天候	臨 時 雇	人	人	人	人	人	人	人	人	
	機械	時間	時間	時間	時間	時間	時間	時間	時間	
日	経 営 主									
天候	臨 時 雇	人	人	人	人	人	人	人	人	
	機械	時間	時間	時間	時間	時間	時間	時間	時間	
日	経 営 主									
天候	臨 時 雇	人	人	人	人	人	人	人	人	
	機械	時間	時間	時間	時間	時間	時間	時間	時間	
日	経 営 主									
天候	臨 時 雇	人	人	人	人	人	人	人	人	
	機械	時間	時間	時間	時間	時間	時間	時間	時間	
日	経 営 主									
天候	臨 時 雇	人	人	人	人	人	人	人	人	
	機械	時間	時間	時間	時間	時間	時間	時間	時間	
計	（人力）								左のうち　　人　　人　　人　臨時雇（男　　女　　計　）	
	（機械）								機械別　　　　時間　　　　　時間	

作業日記帳

月	作業名　従業者									小計	メモ
日	経営主	日	日	日	日	日	日	日	日	日	
天候	臨時雇	人	人	人	人	人	人	人	人		
	機械	時間	時間	時間	時間	時間	時間	時間	時間		
日	経営主										
天候	臨時雇	人	人	人	人	人	人	人	人		
	機械	時間	時間	時間	時間	時間	時間	時間	時間		
日	経営主										
天候	臨時雇	人	人	人	人	人	人	人	人		
	機械	時間	時間	時間	時間	時間	時間	時間	時間		
日	経営主										
天候	臨時雇	人	人	人	人	人	人	人	人		
	機械	時間	時間	時間	時間	時間	時間	時間	時間		
日	経営主										
天候	臨時雇	人	人	人	人	人	人	人	人		
	機械	時間	時間	時間	時間	時間	時間	時間	時間		
計	（人力）										左のうち　人　人　人 臨時雇（男　女　計　）
	（機械）										機械別　　　時間　　時間

作業日記帳

月	作業名／従業者									小計	メモ	
日	経 営 主	日	日	日	日	日	日	日	日	日		
天候	臨 時 雇	人	人	人	人	人	人	人	人	人		
	機械	時間	時間	時間	時間	時間	時間	時間	時間	時間		
日	経 営 主											
天候	臨 時 雇	人	人	人	人	人	人	人	人	人		
	機械	時間	時間	時間	時間	時間	時間	時間	時間	時間		
日	経 営 主											
天候	臨 時 雇	人	人	人	人	人	人	人	人	人		
	機械	時間	時間	時間	時間	時間	時間	時間	時間	時間		
日	経 営 主											
天候	臨 時 雇	人	人	人	人	人	人	人	人	人		
	機械	時間	時間	時間	時間	時間	時間	時間	時間	時間		
日	経 営 主											
天候	臨 時 雇	人	人	人	人	人	人	人	人	人		
	機械	時間	時間	時間	時間	時間	時間	時間	時間	時間		
計	（人力）										左のうち 人 人 人 臨時雇（男 女 計 ）	
	（機械）										機械別	時間	時間

作業日記帳

月	作業名＼従業者									小計	メモ
日	経営主	日	日	日	日	日	日	日	日	日	
天候	臨時雇	人	人	人	人	人	人	人	人		
	機械	時間	時間	時間	時間	時間	時間	時間	時間		
日	経営主										
天候	臨時雇	人	人	人	人	人	人	人	人		
	機械	時間	時間	時間	時間	時間	時間	時間	時間		
日	経営主										
天候	臨時雇	人	人	人	人	人	人	人	人		
	機械	時間	時間	時間	時間	時間	時間	時間	時間		
日	経営主										
天候	臨時雇	人	人	人	人	人	人	人	人		
	機械	時間	時間	時間	時間	時間	時間	時間	時間		
日	経営主										
天候	臨時雇	人	人	人	人	人	人	人	人		
	機械	時間	時間	時間	時間	時間	時間	時間	時間		
計	（人力）									左のうち　人　人　人　臨時雇（男　女　計　）	
	（機械）									機械別　　　　時間　　　時間	

作業日記帳

月	作業名／従業者									小計	メモ
日	経営主	日	日	日	日	日	日	日	日	日	
天候	臨時雇	人	人	人	人	人	人	人	人		
	機械	時間	時間	時間	時間	時間	時間	時間	時間		
日	経営主										
天候	臨時雇	人	人	人	人	人	人	人	人		
	機械	時間	時間	時間	時間	時間	時間	時間	時間		
日	経営主										
天候	臨時雇	人	人	人	人	人	人	人	人		
	機械	時間	時間	時間	時間	時間	時間	時間	時間		
日	経営主										
天候	臨時雇	人	人	人	人	人	人	人	人		
	機械	時間	時間	時間	時間	時間	時間	時間	時間		
日	経営主										
天候	臨時雇	人	人	人	人	人	人	人	人		
	機械	時間	時間	時間	時間	時間	時間	時間	時間		
計	（人力）									左のうち 臨時雇（男 人 女 人 計 人）	
	（機械）									機械別 時間 時間	

作 業 日 記 帳

月	作業名／従業者									小計	メモ
日	経 営 主	日	日	日	日	日	日	日	日	日	
天候	臨 時 雇	人	人	人	人	人	人	人	人	人	
	機械	時間	時間	時間	時間	時間	時間	時間	時間		
日	経 営 主										
天候	臨 時 雇	人	人	人	人	人	人	人	人	人	
	機械	時間	時間	時間	時間	時間	時間	時間	時間		
日	経 営 主										
天候	臨 時 雇	人	人	人	人	人	人	人	人	人	
	機械	時間	時間	時間	時間	時間	時間	時間	時間		
日	経 営 主										
天候	臨 時 雇	人	人	人	人	人	人	人	人	人	
	機械	時間	時間	時間	時間	時間	時間	時間	時間		
日	経 営 主										
天候	臨 時 雇	人	人	人	人	人	人	人	人	人	
	機械	時間	時間	時間	時間	時間	時間	時間	時間		
計	（人力）										左のうち 人 人 人 臨時雇（男 女 計 ）
	（機械）										機械別　　　時間　　　時間

作業日記帳

月	作業名／従業者									小計	メ　モ
日	経営主	日	日	日	日	日	日	日	日		
天候	臨時雇	人	人	人	人	人	人	人	人		
	機械	時間	時間	時間	時間	時間	時間	時間	時間		
日	経営主										
天候	臨時雇	人	人	人	人	人	人	人	人		
	機械	時間	時間	時間	時間	時間	時間	時間	時間		
日	経営主										
天候	臨時雇	人	人	人	人	人	人	人	人		
	機械	時間	時間	時間	時間	時間	時間	時間	時間		
日	経営主										
天候	臨時雇	人	人	人	人	人	人	人	人		
	機械	時間	時間	時間	時間	時間	時間	時間	時間		
日	経営主										
天候	臨時雇	人	人	人	人	人	人	人	人		
	機械	時間	時間	時間	時間	時間	時間	時間	時間		
計	（人力）									左のうち　人　人　人　臨時雇（男　女　計　）	
	（機械）									機械別　　　時間　　　時間	

作業日記帳

月	作業名／従業者									小計	メモ
日	経営主	日	日	日	日	日	日	日	日		
天候	臨時雇	人	人	人	人	人	人	人	人		
	機械	時間	時間	時間	時間	時間	時間	時間	時間		
日	経営主										
天候	臨時雇	人	人	人	人	人	人	人	人		
	機械	時間	時間	時間	時間	時間	時間	時間	時間		
日	経営主										
天候	臨時雇	人	人	人	人	人	人	人	人		
	機械	時間	時間	時間	時間	時間	時間	時間	時間		
日	経営主										
天候	臨時雇	人	人	人	人	人	人	人	人		
	機械	時間	時間	時間	時間	時間	時間	時間	時間		
日	経営主										
天候	臨時雇	人	人	人	人	人	人	人	人		
	機械	時間	時間	時間	時間	時間	時間	時間	時間		
計	（人力）									左のうち 人 人 人 臨時雇（男 女 計 ）	
	（機械）									機械別 時間 時間	

作 業 日 記 帳

月	作業名＼従業者									小計	メ　モ
日	経 営 主	日	日	日	日	日	日	日	日		
天候	臨 時 雇	人	人	人	人	人	人	人	人		
	機械	時間	時間	時間	時間	時間	時間	時間	時間		
日	経 営 主										
天候	臨 時 雇	人	人	人	人	人	人	人	人		
	機械	時間	時間	時間	時間	時間	時間	時間	時間		
日	経 営 主										
天候	臨 時 雇	人	人	人	人	人	人	人	人		
	機械	時間	時間	時間	時間	時間	時間	時間	時間		
日	経 営 主										
天候	臨 時 雇	人	人	人	人	人	人	人	人		
	機械	時間	時間	時間	時間	時間	時間	時間	時間		
日	経 営 主										
天候	臨 時 雇	人	人	人	人	人	人	人	人		
	機械	時間	時間	時間	時間	時間	時間	時間	時間		
計	（人力）									左のうち　人　人　人　臨時雇（男　女　計　）	
	（機械）									機械別　　時間　　時間	

作業日記帳

月	作業名／従業者									小計	メモ
日	経営主	日	日	日	日	日	日	日	日	日	
天候	臨時雇	人	人	人	人	人	人	人	人		
	機械	時間	時間	時間	時間	時間	時間	時間	時間		
日	経営主										
天候	臨時雇	人	人	人	人	人	人	人	人		
	機械	時間	時間	時間	時間	時間	時間	時間	時間		
日	経営主										
天候	臨時雇	人	人	人	人	人	人	人	人		
	機械	時間	時間	時間	時間	時間	時間	時間	時間		
日	経営主										
天候	臨時雇	人	人	人	人	人	人	人	人		
	機械	時間	時間	時間	時間	時間	時間	時間	時間		
日	経営主										
天候	臨時雇	人	人	人	人	人	人	人	人		
	機械	時間	時間	時間	時間	時間	時間	時間	時間		
計	（人力）									左のうち　人　人　人臨時雇（男　女　計　）	
	（機械）									機械別　時間　時間	

作 業 日 記 帳

月	作業名／従業者									小計	メモ
日	経営主	日	日	日	日	日	日	日	日	日	
天候	臨時雇	人	人	人	人	人	人	人	人	人	
		時間	時間	時間	時間	時間	時間	時間	時間	時間	
	機械										
日	経営主										
天候	臨時雇	人	人	人	人	人	人	人	人	人	
		時間	時間	時間	時間	時間	時間	時間	時間	時間	
	機械										
日	経営主										
天候	臨時雇	人	人	人	人	人	人	人	人	人	
		時間	時間	時間	時間	時間	時間	時間	時間	時間	
	機械										
日	経営主										
天候	臨時雇	人	人	人	人	人	人	人	人	人	
		時間	時間	時間	時間	時間	時間	時間	時間	時間	
	機械										
日	経営主										
天候	臨時雇	人	人	人	人	人	人	人	人	人	
		時間	時間	時間	時間	時間	時間	時間	時間	時間	
	機械										
計	（人力）									左のうち　人　人　人　臨時雇（男　女　計　）	
	（機械）									機械別　　　時間　　　時間	

作業日記帳

月	作業名／従業者									小計	メ モ
日	経営主	日	日	日	日	日	日	日	日		
天候	臨時雇	人	人	人	人	人	人	人	人		
	機械	時間	時間	時間	時間	時間	時間	時間	時間		
日	経営主										
天候	臨時雇	人	人	人	人	人	人	人	人		
	機械	時間	時間	時間	時間	時間	時間	時間	時間		
日	経営主										
天候	臨時雇	人	人	人	人	人	人	人	人		
	機械	時間	時間	時間	時間	時間	時間	時間	時間		
日	経営主										
天候	臨時雇	人	人	人	人	人	人	人	人		
	機械	時間	時間	時間	時間	時間	時間	時間	時間		
日	経営主										
天候	臨時雇	人	人	人	人	人	人	人	人		
	機械	時間	時間	時間	時間	時間	時間	時間	時間		
計	（人力）									左のうち 人 人 人　臨時雇（男　女　計　）	
	（機械）									機械別　　　時間　　時間	

作 業 日 記 帳

月	作業名＼従業者										小計	メモ
日	経 営 主	日	日	日	日	日	日	日	日	日		
天候	臨 時 雇	人	人	人	人	人	人	人	人	人		
	機械	時間	時間	時間	時間	時間	時間	時間	時間	時間		
日	経 営 主											
天候	臨 時 雇	人	人	人	人	人	人	人	人	人		
	機械	時間	時間	時間	時間	時間	時間	時間	時間	時間		
日	経 営 主											
天候	臨 時 雇	人	人	人	人	人	人	人	人	人		
	機械	時間	時間	時間	時間	時間	時間	時間	時間	時間		
日	経 営 主											
天候	臨 時 雇	人	人	人	人	人	人	人	人	人		
	機械	時間	時間	時間	時間	時間	時間	時間	時間	時間		
日	経 営 主											
天候	臨 時 雇	人	人	人	人	人	人	人	人	人		
	機械	時間	時間	時間	時間	時間	時間	時間	時間	時間		
計	（人力）										左のうち 人 人 人 臨時雇（男 女 計 ）	
	（機械）										機械別　　　　時間　　　　時間	

作業日記帳

月	作業名＼従業者									小計	メモ
	経営主	日	日	日	日	日	日	日	日		
日											
天候	臨時雇	人	人	人	人	人	人	人	人		
	機械	時間	時間	時間	時間	時間	時間	時間	時間		
	経営主										
日											
天候	臨時雇	人	人	人	人	人	人	人	人		
	機械	時間	時間	時間	時間	時間	時間	時間	時間		
	経営主										
日											
天候	臨時雇	人	人	人	人	人	人	人	人		
	機械	時間	時間	時間	時間	時間	時間	時間	時間		
	経営主										
日											
天候	臨時雇	人	人	人	人	人	人	人	人		
	機械	時間	時間	時間	時間	時間	時間	時間	時間		
	経営主										
日											
天候	臨時雇	人	人	人	人	人	人	人	人		
	機械	時間	時間	時間	時間	時間	時間	時間	時間		
計	（人力）									左のうち　人　人　人　臨時雇（男　女　計　）	
	（機械）									機械別　　時間　　時間	

作業日記帳

月	作業名／従業者									小計	メモ
日	経 営 主	日	日	日	日	日	日	日	日	日	
天候	臨 時 雇	人	人	人	人	人	人	人	人		
	機械	時間	時間	時間	時間	時間	時間	時間	時間		
日	経 営 主										
天候	臨 時 雇	人	人	人	人	人	人	人	人		
	機械	時間	時間	時間	時間	時間	時間	時間	時間		
日	経 営 主										
天候	臨 時 雇	人	人	人	人	人	人	人	人		
	機械	時間	時間	時間	時間	時間	時間	時間	時間		
日	経 営 主										
天候	臨 時 雇	人	人	人	人	人	人	人	人		
	機械	時間	時間	時間	時間	時間	時間	時間	時間		
日	経 営 主										
天候	臨 時 雇	人	人	人	人	人	人	人	人		
	機械	時間	時間	時間	時間	時間	時間	時間	時間		
計	（人力）									左のうち　人　人　人　臨時雇（男　女　計　）	
	（機械）									機械別　　　　時間　　　　時間	

作業日記帳

月	作業名／従業者									小計	メモ
日	経営主	日	日	日	日	日	日	日	日	日	
天候	臨時雇	人	人	人	人	人	人	人	人	人	
	機械	時間	時間	時間	時間	時間	時間	時間	時間	時間	
日	経営主										
天候	臨時雇	人	人	人	人	人	人	人	人	人	
	機械	時間	時間	時間	時間	時間	時間	時間	時間	時間	
日	経営主										
天候	臨時雇	人	人	人	人	人	人	人	人	人	
	機械	時間	時間	時間	時間	時間	時間	時間	時間	時間	
日	経営主										
天候	臨時雇	人	人	人	人	人	人	人	人	人	
	機械	時間	時間	時間	時間	時間	時間	時間	時間	時間	
日	経営主										
天候	臨時雇	人	人	人	人	人	人	人	人	人	
	機械	時間	時間	時間	時間	時間	時間	時間	時間	時間	
計	（人力）										左のうち　人　人　人 臨時雇（男　女　計　）
	（機械）										機械別　　時間　　時間

作業日記帳

月	作業名＼従業者									小計	メモ
日	経営主	日	日	日	日	日	日	日	日	日	
天候	臨時雇	人	人	人	人	人	人	人	人		
	機械	時間	時間	時間	時間	時間	時間	時間	時間		
日	経営主										
天候	臨時雇	人	人	人	人	人	人	人	人		
	機械	時間	時間	時間	時間	時間	時間	時間	時間		
日	経営主										
天候	臨時雇	人	人	人	人	人	人	人	人		
	機械	時間	時間	時間	時間	時間	時間	時間	時間		
日	経営主										
天候	臨時雇	人	人	人	人	人	人	人	人		
	機械	時間	時間	時間	時間	時間	時間	時間	時間		
日	経営主										
天候	臨時雇	人	人	人	人	人	人	人	人		
	機械	時間	時間	時間	時間	時間	時間	時間	時間		
計	（人力）									左のうち 人 人 人　臨時雇（男　女　計　）	
	（機械）									機械別　　時間　　時間	

作 業 日 記 帳

月	作業名＼従業者									小計	メモ
日	経 営 主	日	日	日	日	日	日	日	日	日	
天候	臨 時 雇	人	人	人	人	人	人	人	人	人	
	機械	時間	時間	時間	時間	時間	時間	時間	時間		
日	経 営 主										
天候	臨 時 雇	人	人	人	人	人	人	人	人	人	
	機械	時間	時間	時間	時間	時間	時間	時間	時間		
日	経 営 主										
天候	臨 時 雇	人	人	人	人	人	人	人	人	人	
	機械	時間	時間	時間	時間	時間	時間	時間	時間		
日	経 営 主										
天候	臨 時 雇	人	人	人	人	人	人	人	人	人	
	機械	時間	時間	時間	時間	時間	時間	時間	時間		
日	経 営 主										
天候	臨 時 雇	人	人	人	人	人	人	人	人	人	
	機械	時間	時間	時間	時間	時間	時間	時間	時間		
計	（人力）									左のうち 人 人 人 臨時雇（男 女 計 ）	
	（機械）									機械別	時間 時間

作業日記帳

月	作業名／従業者									小計	メモ
日	経営主	日	日	日	日	日	日	日	日	日	
天候	臨時雇	人	人	人	人	人	人	人	人		
	機械	時間	時間	時間	時間	時間	時間	時間	時間		
日	経営主										
天候	臨時雇	人	人	人	人	人	人	人	人		
	機械	時間	時間	時間	時間	時間	時間	時間	時間		
日	経営主										
天候	臨時雇	人	人	人	人	人	人	人	人		
	機械	時間	時間	時間	時間	時間	時間	時間	時間		
日	経営主										
天候	臨時雇	人	人	人	人	人	人	人	人		
	機械	時間	時間	時間	時間	時間	時間	時間	時間		
日	経営主										
天候	臨時雇	人	人	人	人	人	人	人	人		
	機械	時間	時間	時間	時間	時間	時間	時間	時間		
計	（人力）									左のうち　人　人　人 臨時雇（男　女　計　）	
	（機械）									機械別　　時間　　時間	

作 業 日 記 帳

月	作業名／従業者									小計	メ モ
日	経 営 主	日	日	日	日	日	日	日	日	日	
天候	臨 時 雇	人	人	人	人	人	人	人	人	人	
	機械	時間	時間	時間	時間	時間	時間	時間	時間	時間	
日	経 営 主										
天候	臨 時 雇	人	人	人	人	人	人	人	人	人	
	機械	時間	時間	時間	時間	時間	時間	時間	時間	時間	
日	経 営 主										
天候	臨 時 雇	人	人	人	人	人	人	人	人	人	
	機械	時間	時間	時間	時間	時間	時間	時間	時間	時間	
日	経 営 主										
天候	臨 時 雇	人	人	人	人	人	人	人	人	人	
	機械	時間	時間	時間	時間	時間	時間	時間	時間	時間	
日	経 営 主										
天候	臨 時 雇	人	人	人	人	人	人	人	人	人	
	機械	時間	時間	時間	時間	時間	時間	時間	時間	時間	
計	（人力）									左のうち 人 人 人 臨時雇（男 女 計 ）	
	（機械）									機械別 　　時間　　時間	

作業日記帳

月	作業名／従業者									小計	メ モ
日	経 営 主	日	日	日	日	日	日	日	日	日	
天候	臨 時 雇	人	人	人	人	人	人	人	人	人	
	機械	時間	時間	時間	時間	時間	時間	時間	時間	時間	
日	経 営 主										
天候	臨 時 雇	人	人	人	人	人	人	人	人	人	
	機械	時間	時間	時間	時間	時間	時間	時間	時間	時間	
日	経 営 主										
天候	臨 時 雇	人	人	人	人	人	人	人	人	人	
	機械	時間	時間	時間	時間	時間	時間	時間	時間	時間	
日	経 営 主										
天候	臨 時 雇	人	人	人	人	人	人	人	人	人	
	機械	時間	時間	時間	時間	時間	時間	時間	時間	時間	
日	経 営 主										
天候	臨 時 雇	人	人	人	人	人	人	人	人	人	
	機械	時間	時間	時間	時間	時間	時間	時間	時間	時間	
計	（人力）									左のうち　人　人　人 臨時雇（男　女　計　）	
	（機械）									機械別　　時間　　時間	

作業日記帳

月	作業名／従業者									小計	メモ
日	経営主	日	日	日	日	日	日	日	日	日	
天候	臨時雇	人	人	人	人	人	人	人	人		
	機械	時間	時間	時間	時間	時間	時間	時間	時間		
日	経営主										
天候	臨時雇	人	人	人	人	人	人	人	人		
	機械	時間	時間	時間	時間	時間	時間	時間	時間		
日	経営主										
天候	臨時雇	人	人	人	人	人	人	人	人		
	機械	時間	時間	時間	時間	時間	時間	時間	時間		
日	経営主										
天候	臨時雇	人	人	人	人	人	人	人	人		
	機械	時間	時間	時間	時間	時間	時間	時間	時間		
日	経営主										
天候	臨時雇	人	人	人	人	人	人	人	人		
	機械	時間	時間	時間	時間	時間	時間	時間	時間		
計	（人力）										左のうち　人　人　人　臨時雇（男　女　計　）
	（機械）										機械別　　時間　　時間

作業日記帳

月	作業名＼従業者									小計	メモ
日	経営主	日	日	日	日	日	日	日	日	日	
天候	臨時雇	人	人	人	人	人	人	人	人	人	
	機械	時間	時間	時間	時間	時間	時間	時間	時間	時間	
日	経営主										
天候	臨時雇	人	人	人	人	人	人	人	人	人	
	機械	時間	時間	時間	時間	時間	時間	時間	時間	時間	
日	経営主										
天候	臨時雇	人	人	人	人	人	人	人	人	人	
	機械	時間	時間	時間	時間	時間	時間	時間	時間	時間	
日	経営主										
天候	臨時雇	人	人	人	人	人	人	人	人	人	
	機械	時間	時間	時間	時間	時間	時間	時間	時間	時間	
日	経営主										
天候	臨時雇	人	人	人	人	人	人	人	人	人	
	機械	時間	時間	時間	時間	時間	時間	時間	時間	時間	
計	（人力）										左のうち　人　人　人 臨時雇（男　女　計　）
	（機械）										機械別　　時間　　時間

作 業 日 記 帳

月	作業名 従業者									小計	メ　モ
日	経 営 主	日	日	日	日	日	日	日	日		
天候	臨 時 雇	人	人	人	人	人	人	人	人		
	機械	時間	時間	時間	時間	時間	時間	時間	時間		
日	経 営 主										
天候	臨 時 雇	人	人	人	人	人	人	人	人		
	機械	時間	時間	時間	時間	時間	時間	時間	時間		
日	経 営 主										
天候	臨 時 雇	人	人	人	人	人	人	人	人		
	機械	時間	時間	時間	時間	時間	時間	時間	時間		
日	経 営 主										
天候	臨 時 雇	人	人	人	人	人	人	人	人		
	機械	時間	時間	時間	時間	時間	時間	時間	時間		
日	経 営 主										
天候	臨 時 雇	人	人	人	人	人	人	人	人		
	機械	時間	時間	時間	時間	時間	時間	時間	時間		
計	（人力）									左のうち　　人　　人　　人 臨時雇（男　　女　　計　）	
	（機械）									機械別　　　時間　　　　時間	

作業日記帳

月	作業名／従業者									小計	メ モ
日	経営主	日	日	日	日	日	日	日	日	日	
天候	臨時雇	人	人	人	人	人	人	人	人		
	機械	時間	時間	時間	時間	時間	時間	時間	時間		
日	経営主										
天候	臨時雇	人	人	人	人	人	人	人	人		
	機械	時間	時間	時間	時間	時間	時間	時間	時間		
日	経営主										
天候	臨時雇	人	人	人	人	人	人	人	人		
	機械	時間	時間	時間	時間	時間	時間	時間	時間		
日	経営主										
天候	臨時雇	人	人	人	人	人	人	人	人		
	機械	時間	時間	時間	時間	時間	時間	時間	時間		
日	経営主										
天候	臨時雇	人	人	人	人	人	人	人	人		
	機械	時間	時間	時間	時間	時間	時間	時間	時間		
計	（人力）									左のうち　　人　人　人 臨時雇（男　女　計　）	
	（機械）									機械別　　時間　　時間	

作業日記帳

月	作業名＼従業者									小計	メ モ
日	経 営 主	日	日	日	日	日	日	日	日	日	
天候	臨 時 雇	人	人	人	人	人	人	人	人		
	機械	時間	時間	時間	時間	時間	時間	時間	時間		
日	経 営 主										
天候	臨 時 雇	人	人	人	人	人	人	人	人		
	機械	時間	時間	時間	時間	時間	時間	時間	時間		
日	経 営 主										
天候	臨 時 雇	人	人	人	人	人	人	人	人		
	機械	時間	時間	時間	時間	時間	時間	時間	時間		
日	経 営 主										
天候	臨 時 雇	人	人	人	人	人	人	人	人		
	機械	時間	時間	時間	時間	時間	時間	時間	時間		
日	経 営 主										
天候	臨 時 雇	人	人	人	人	人	人	人	人		
	機械	時間	時間	時間	時間	時間	時間	時間	時間		
計	（人力）									左のうち　人　人　人　臨時雇（男　女　計　）	
	（機械）									機械別	時間　　時間

作業日記帳

月	作業名＼従業者									小計	メ モ
日	経 営 主	日	日	日	日	日	日	日	日		
天候	臨 時 雇	人	人	人	人	人	人	人	人		
	機械	時間	時間	時間	時間	時間	時間	時間	時間		
日	経 営 主										
天候	臨 時 雇	人	人	人	人	人	人	人	人		
	機械	時間	時間	時間	時間	時間	時間	時間	時間		
日	経 営 主										
天候	臨 時 雇	人	人	人	人	人	人	人	人		
	機械	時間	時間	時間	時間	時間	時間	時間	時間		
日	経 営 主										
天候	臨 時 雇	人	人	人	人	人	人	人	人		
	機械	時間	時間	時間	時間	時間	時間	時間	時間		
日	経 営 主										
天候	臨 時 雇	人	人	人	人	人	人	人	人		
	機械	時間	時間	時間	時間	時間	時間	時間	時間		
計	（人力）									左のうち　人　人　人　臨時雇（男　女　計　）	
	（機械）									機械別　　　時間　　時間	

作 業 日 記 帳

月	作業名＼従業者									小計	メ モ
日／天候	経 営 主	日	日	日	日	日	日	日	日		
	臨 時 雇	人	人	人	人	人	人	人	人		
		時間	時間	時間	時間	時間	時間	時間	時間		
	機械										
日／天候	経 営 主										
	臨 時 雇	人	人	人	人	人	人	人	人		
		時間	時間	時間	時間	時間	時間	時間	時間		
	機械										
日／天候	経 営 主										
	臨 時 雇	人	人	人	人	人	人	人	人		
		時間	時間	時間	時間	時間	時間	時間	時間		
	機械										
日／天候	経 営 主										
	臨 時 雇	人	人	人	人	人	人	人	人		
		時間	時間	時間	時間	時間	時間	時間	時間		
	機械										
日／天候	経 営 主										
	臨 時 雇	人	人	人	人	人	人	人	人		
		時間	時間	時間	時間	時間	時間	時間	時間		
	機械										
計	（人力）									左のうち　人　人　人　臨時雇（男　女　計　）	
	（機械）									機械別　　　　時間　　　　時間	

作 業 日 記 帳

月	作業名＼従業者									小計	メ モ
日	経 営 主	日	日	日	日	日	日	日	日	日	
天候	臨 時 雇	人	人	人	人	人	人	人	人	人	
	機械	時間	時間	時間	時間	時間	時間	時間	時間		
日	経 営 主										
天候	臨 時 雇	人	人	人	人	人	人	人	人		
	機械	時間	時間	時間	時間	時間	時間	時間	時間		
日	経 営 主										
天候	臨 時 雇	人	人	人	人	人	人	人	人		
	機械	時間	時間	時間	時間	時間	時間	時間	時間		
日	経 営 主										
天候	臨 時 雇	人	人	人	人	人	人	人	人		
	機械	時間	時間	時間	時間	時間	時間	時間	時間		
日	経 営 主										
天候	臨 時 雇	人	人	人	人	人	人	人	人		
	機械	時間	時間	時間	時間	時間	時間	時間	時間		
計	（人力）									左のうち　人　人　人　臨時雇（男　女　計　）	
	（機械）									機械別　　時間　　時間	

作　業　日　記　帳

月 / 従業者 \ 作業名									小計	メ　モ
日	経　営　主	日	日	日	日	日	日	日	日	
天候	臨　時　雇	人	人	人	人	人	人	人	人	
	機械	時間	時間	時間	時間	時間	時間	時間	時間	
日	経　営　主									
天候	臨　時　雇	人	人	人	人	人	人	人	人	
	機械	時間	時間	時間	時間	時間	時間	時間	時間	
日	経　営　主									
天候	臨　時　雇	人	人	人	人	人	人	人	人	
	機械	時間	時間	時間	時間	時間	時間	時間	時間	
日	経　営　主									
天候	臨　時　雇	人	人	人	人	人	人	人	人	
	機械	時間	時間	時間	時間	時間	時間	時間	時間	
日	経　営　主									
天候	臨　時　雇	人	人	人	人	人	人	人	人	
	機械	時間	時間	時間	時間	時間	時間	時間	時間	
計	（人力）									左のうち　　人　　人　　人 臨時雇（男　　女　　計　　）
	（機械）									機械別　　　　時間　　　　時間

作業日記帳

月	作業名／従業者								小計	メモ	
日	経営主	日	日	日	日	日	日	日	日		
天候	臨時雇	人	人	人	人	人	人	人	人		
	機械	時間	時間	時間	時間	時間	時間	時間	時間		
日	経営主										
天候	臨時雇	人	人	人	人	人	人	人	人		
	機械	時間	時間	時間	時間	時間	時間	時間	時間		
日	経営主										
天候	臨時雇	人	人	人	人	人	人	人	人		
	機械	時間	時間	時間	時間	時間	時間	時間	時間		
日	経営主										
天候	臨時雇	人	人	人	人	人	人	人	人		
	機械	時間	時間	時間	時間	時間	時間	時間	時間		
日	経営主										
天候	臨時雇	人	人	人	人	人	人	人	人		
	機械	時間	時間	時間	時間	時間	時間	時間	時間		
計	（人力）									左のうち　人　人　人　臨時雇（男　女　計　）	
	（機械）									機械別	時間　時間

作 業 日 記 帳

月	作業名＼従業者									小計	メ モ
日	経 営 主	日	日	日	日	日	日	日	日	日	
天候	臨 時 雇	人	人	人	人	人	人	人	人	人	
	機械	時間	時間	時間	時間	時間	時間	時間	時間	時間	
日	経 営 主										
天候	臨 時 雇	人	人	人	人	人	人	人	人	人	
	機械	時間	時間	時間	時間	時間	時間	時間	時間	時間	
日	経 営 主										
天候	臨 時 雇	人	人	人	人	人	人	人	人	人	
	機械	時間	時間	時間	時間	時間	時間	時間	時間	時間	
日	経 営 主										
天候	臨 時 雇	人	人	人	人	人	人	人	人	人	
	機械	時間	時間	時間	時間	時間	時間	時間	時間	時間	
日	経 営 主										
天候	臨 時 雇	人	人	人	人	人	人	人	人	人	
	機械	時間	時間	時間	時間	時間	時間	時間	時間	時間	
計	（人力）										左のうち　　人　人　人　臨時雇（男　女　計　）
	（機械）										機械別　　時間　　時間

作業日記帳

月	作業名／従業者									小計	メモ
日	経営主	日	日	日	日	日	日	日	日		
天候	臨時雇	人	人	人	人	人	人	人	人		
	機械	時間	時間	時間	時間	時間	時間	時間	時間		
日	経営主										
天候	臨時雇	人	人	人	人	人	人	人	人		
	機械	時間	時間	時間	時間	時間	時間	時間	時間		
日	経営主										
天候	臨時雇	人	人	人	人	人	人	人	人		
	機械	時間	時間	時間	時間	時間	時間	時間	時間		
日	経営主										
天候	臨時雇	人	人	人	人	人	人	人	人		
	機械	時間	時間	時間	時間	時間	時間	時間	時間		
日	経営主										
天候	臨時雇	人	人	人	人	人	人	人	人		
	機械	時間	時間	時間	時間	時間	時間	時間	時間		
計	（人力）										左のうち 人 人 人 臨時雇（男 女 計 ）
	（機械）										機械別　　時間　　時間

作　業　日　記　帳

月	作業名／従業者									小計	メ　モ
日	経　営　主	日	日	日	日	日	日	日	日		
天候	臨　時　雇	人	人	人	人	人	人	人	人		
	機械	時間	時間	時間	時間	時間	時間	時間	時間		
日	経　営　主										
天候	臨　時　雇	人	人	人	人	人	人	人	人		
	機械	時間	時間	時間	時間	時間	時間	時間	時間		
日	経　営　主										
天候	臨　時　雇	人	人	人	人	人	人	人	人		
	機械	時間	時間	時間	時間	時間	時間	時間	時間		
日	経　営　主										
天候	臨　時　雇	人	人	人	人	人	人	人	人		
	機械	時間	時間	時間	時間	時間	時間	時間	時間		
日	経　営　主										
天候	臨　時　雇	人	人	人	人	人	人	人	人		
	機械	時間	時間	時間	時間	時間	時間	時間	時間		
計	（人力）									左のうち　人　人　人　臨時雇（男　女　計　）	
	（機械）									機械別　　時間　　時間	

作業日記帳

月	作業名＼従業者									小計	メモ
日	経営主	日	日	日	日	日	日	日	日	日	
天候	臨時雇	人 時間	人 時間	人 時間	人 時間	人 時間	人 時間	人 時間	人 時間	人 時間	
	機械										
日	経営主										
天候	臨時雇	人 時間	人 時間	人 時間	人 時間	人 時間	人 時間	人 時間	人 時間	人 時間	
	機械										
日	経営主										
天候	臨時雇	人 時間	人 時間	人 時間	人 時間	人 時間	人 時間	人 時間	人 時間	人 時間	
	機械										
日	経営主										
天候	臨時雇	人 時間	人 時間	人 時間	人 時間	人 時間	人 時間	人 時間	人 時間	人 時間	
	機械										
日	経営主										
天候	臨時雇	人 時間	人 時間	人 時間	人 時間	人 時間	人 時間	人 時間	人 時間	人 時間	
	機械										
計	（人力）									左のうち 人 人 人 臨時雇（男 女 計 ）	
	（機械）									機械別　　時間　　時間	

作 業 日 記 帳

月	作業名＼従業者									小計	メ　モ
日	経 営 主	日	日	日	日	日	日	日	日	日	
天候	臨 時 雇	人	人	人	人	人	人	人	人	人	
	機械	時間	時間	時間	時間	時間	時間	時間	時間	時間	
日	経 営 主										
天候	臨 時 雇	人	人	人	人	人	人	人	人	人	
	機械	時間	時間	時間	時間	時間	時間	時間	時間	時間	
日	経 営 主										
天候	臨 時 雇	人	人	人	人	人	人	人	人	人	
	機械	時間	時間	時間	時間	時間	時間	時間	時間	時間	
日	経 営 主										
天候	臨 時 雇	人	人	人	人	人	人	人	人	人	
	機械	時間	時間	時間	時間	時間	時間	時間	時間	時間	
日	経 営 主										
天候	臨 時 雇	人	人	人	人	人	人	人	人	人	
	機械	時間	時間	時間	時間	時間	時間	時間	時間	時間	
計	（人力）										左のうち　人　人　人 臨時雇（男　女　計　）
	（機械）										機械別　　時間　　時間

作 業 日 記 帳

月	作業名 / 従業者									小計	メ モ
日	経 営 主	日	日	日	日	日	日	日	日	日	
天候	臨 時 雇	人	人	人	人	人	人	人	人		
	機械	時間	時間	時間	時間	時間	時間	時間	時間		
日	経 営 主										
天候	臨 時 雇	人	人	人	人	人	人	人	人		
	機械	時間	時間	時間	時間	時間	時間	時間	時間		
日	経 営 主										
天候	臨 時 雇	人	人	人	人	人	人	人	人		
	機械	時間	時間	時間	時間	時間	時間	時間	時間		
日	経 営 主										
天候	臨 時 雇	人	人	人	人	人	人	人	人		
	機械	時間	時間	時間	時間	時間	時間	時間	時間		
日	経 営 主										
天候	臨 時 雇	人	人	人	人	人	人	人	人		
	機械	時間	時間	時間	時間	時間	時間	時間	時間		
計	（人力）									左のうち 人 人 人 臨時雇（男 女 計 ）	
	（機械）									機械別 時間 時間	

作業日記帳

月 作業名／従業者										小計	メ モ
日	経 営 主		日	日	日	日	日	日	日	日	
天候	臨 時 雇		人	人	人	人	人	人	人	人	
	機械		時間	時間	時間	時間	時間	時間	時間	時間	
日	経 営 主										
天候	臨 時 雇		人	人	人	人	人	人	人	人	
	機械		時間	時間	時間	時間	時間	時間	時間	時間	
日	経 営 主										
天候	臨 時 雇		人	人	人	人	人	人	人	人	
	機械		時間	時間	時間	時間	時間	時間	時間	時間	
日	経 営 主										
天候	臨 時 雇		人	人	人	人	人	人	人	人	
	機械		時間	時間	時間	時間	時間	時間	時間	時間	
日	経 営 主										
天候	臨 時 雇		人	人	人	人	人	人	人	人	
	機械		時間	時間	時間	時間	時間	時間	時間	時間	
計	（人力）										左のうち 人 人 人 臨時雇（男 女 計 ）
	（機械）										機械別 時間 時間

作 業 日 記 帳

月	作業名＼従業者									小計	メ　モ
日	経 営 主	日	日	日	日	日	日	日	日		
天候	臨 時 雇	人時間	人時間	人時間	人時間	人時間	人時間	人時間	人時間		
	機械										
日	経 営 主										
天候	臨 時 雇	人時間	人時間	人時間	人時間	人時間	人時間	人時間	人時間		
	機械										
日	経 営 主										
天候	臨 時 雇	人時間	人時間	人時間	人時間	人時間	人時間	人時間	人時間		
	機械										
日	経 営 主										
天候	臨 時 雇	人時間	人時間	人時間	人時間	人時間	人時間	人時間	人時間		
	機械										
日	経 営 主										
天候	臨 時 雇	人時間	人時間	人時間	人時間	人時間	人時間	人時間	人時間		
	機械										
計	（人力）									左のうち　人　人　人　臨時雇（男　女　計　）	
	（機械）									機械別　　時間　　時間	

作 業 日 記 帳

月 / 従業者 \ 作業名										小計	メ モ
日 / 天候	経 営 主	日	日	日	日	日	日	日	日	日	
	臨 時 雇	人 / 時間	人 / 時間	人 / 時間	人 / 時間	人 / 時間	人 / 時間	人 / 時間	人 / 時間	人 / 時間	
	機械										
日 / 天候	経 営 主										
	臨 時 雇	人 / 時間	人 / 時間	人 / 時間	人 / 時間	人 / 時間	人 / 時間	人 / 時間	人 / 時間	人 / 時間	
	機械										
日 / 天候	経 営 主										
	臨 時 雇	人 / 時間	人 / 時間	人 / 時間	人 / 時間	人 / 時間	人 / 時間	人 / 時間	人 / 時間	人 / 時間	
	機械										
日 / 天候	経 営 主										
	臨 時 雇	人 / 時間	人 / 時間	人 / 時間	人 / 時間	人 / 時間	人 / 時間	人 / 時間	人 / 時間	人 / 時間	
	機械										
日 / 天候	経 営 主										
	臨 時 雇	人 / 時間	人 / 時間	人 / 時間	人 / 時間	人 / 時間	人 / 時間	人 / 時間	人 / 時間	人 / 時間	
	機械										
計	（人力）										左のうち　人　人　人 臨時雇（男　女　計　）
	（機械）										機械別　　時間　　時間

作　業　日　記　帳

月	作業名＼従業者									小計	メ　モ
日	経　営　主	日	日	日	日	日	日	日	日	日	
天候	臨　時　雇	人	人	人	人	人	人	人	人	人	
	機械	時間	時間	時間	時間	時間	時間	時間	時間	時間	
日	経　営　主										
天候	臨　時　雇	人	人	人	人	人	人	人	人	人	
	機械	時間	時間	時間	時間	時間	時間	時間	時間		
日	経　営　主										
天候	臨　時　雇	人	人	人	人	人	人	人	人	人	
	機械	時間	時間	時間	時間	時間	時間	時間	時間		
日	経　営　主										
天候	臨　時　雇	人	人	人	人	人	人	人	人	人	
	機械	時間	時間	時間	時間	時間	時間	時間	時間		
日	経　営　主										
天候	臨　時　雇	人	人	人	人	人	人	人	人	人	
	機械	時間	時間	時間	時間	時間	時間	時間	時間		
計	（人力）										左のうち　人　人　人 臨時雇（男　女　計　）
	（機械）										機械別　　時間　　時間

作 業 日 記 帳

月	作業名／従業者									小計	メ モ
日	経 営 主	日	日	日	日	日	日	日	日	日	
天候	臨 時 雇	人	人	人	人	人	人	人	人	人	
	機械	時間	時間	時間	時間	時間	時間	時間	時間		
日	経 営 主										
天候	臨 時 雇	人	人	人	人	人	人	人	人	人	
	機械	時間	時間	時間	時間	時間	時間	時間	時間		
日	経 営 主										
天候	臨 時 雇	人	人	人	人	人	人	人	人	人	
	機械	時間	時間	時間	時間	時間	時間	時間	時間		
日	経 営 主										
天候	臨 時 雇	人	人	人	人	人	人	人	人	人	
	機械	時間	時間	時間	時間	時間	時間	時間	時間		
日	経 営 主										
天候	臨 時 雇	人	人	人	人	人	人	人	人	人	
	機械	時間	時間	時間	時間	時間	時間	時間	時間		
計	（人力）									左のうち　人　人　人 臨時雇（男　女　計　）	
	（機械）									機械別　　時間　　時間	

作業日記帳

月	作業名＼従業者									小計	メ　モ
日	経　営　主	日	日	日	日	日	日	日	日		
天候	臨　時　雇	人	人	人	人	人	人	人	人		
	機械	時間	時間	時間	時間	時間	時間	時間	時間		
日	経　営　主										
天候	臨　時　雇	人	人	人	人	人	人	人	人		
	機械	時間	時間	時間	時間	時間	時間	時間	時間		
日	経　営　主										
天候	臨　時　雇	人	人	人	人	人	人	人	人		
	機械	時間	時間	時間	時間	時間	時間	時間	時間		
日	経　営　主										
天候	臨　時　雇	人	人	人	人	人	人	人	人		
	機械	時間	時間	時間	時間	時間	時間	時間	時間		
日	経　営　主										
天候	臨　時　雇	人	人	人	人	人	人	人	人		
	機械	時間	時間	時間	時間	時間	時間	時間	時間		
計	（人力）										左のうち　　人　人　人 臨時雇（男　女　計　）
	（機械）										機械別　　　時間　　時間

作業日記帳

月 / 従業者	作業名									小計	メ　モ
日	経営主	日	日	日	日	日	日	日	日	日	
天候	臨時雇	人	人	人	人	人	人	人	人	人	
		時間	時間	時間	時間	時間	時間	時間	時間	時間	
	機械										
日	経営主										
天候	臨時雇	人	人	人	人	人	人	人	人	人	
		時間	時間	時間	時間	時間	時間	時間	時間	時間	
	機械										
日	経営主										
天候	臨時雇	人	人	人	人	人	人	人	人	人	
		時間	時間	時間	時間	時間	時間	時間	時間	時間	
	機械										
日	経営主										
天候	臨時雇	人	人	人	人	人	人	人	人	人	
		時間	時間	時間	時間	時間	時間	時間	時間	時間	
	機械										
日	経営主										
天候	臨時雇	人	人	人	人	人	人	人	人	人	
		時間	時間	時間	時間	時間	時間	時間	時間	時間	
	機械										
計	（人力）										左のうち　人　人　人 臨時雇（男　女　計　）
	（機械）										機械別　　　時間　　時間

作業日記帳

月	作業名 従業者									小計	メ モ
	経 営 主	日	日	日	日	日	日	日	日	日	
日											
天候	臨 時 雇	人	人	人	人	人	人	人	人	人	
	機械	時間	時間	時間	時間	時間	時間	時間	時間	時間	
	経 営 主										
日											
天候	臨 時 雇	人	人	人	人	人	人	人	人	人	
	機械	時間	時間	時間	時間	時間	時間	時間	時間	時間	
	経 営 主										
日											
天候	臨 時 雇	人	人	人	人	人	人	人	人	人	
	機械	時間	時間	時間	時間	時間	時間	時間	時間	時間	
	経 営 主										
日											
天候	臨 時 雇	人	人	人	人	人	人	人	人	人	
	機械	時間	時間	時間	時間	時間	時間	時間	時間	時間	
	経 営 主										
日											
天候	臨 時 雇	人	人	人	人	人	人	人	人	人	
	機械	時間	時間	時間	時間	時間	時間	時間	時間	時間	
計	（人力）									左のうち　　人　　人　　人 臨時雇（男　　女　　計　）	
	（機械）									機械別　　　　時間　　　時間	

作 業 日 記 帳

月	作業名＼従業者									小計	メ モ
日	経 営 主	日	日	日	日	日	日	日	日	日	
天候	臨 時 雇	人	人	人	人	人	人	人	人	人	
	機械	時間	時間	時間	時間	時間	時間	時間	時間	時間	
日	経 営 主										
天候	臨 時 雇	人	人	人	人	人	人	人	人	人	
	機械	時間	時間	時間	時間	時間	時間	時間	時間	時間	
日	経 営 主										
天候	臨 時 雇	人	人	人	人	人	人	人	人	人	
	機械	時間	時間	時間	時間	時間	時間	時間	時間	時間	
日	経 営 主										
天候	臨 時 雇	人	人	人	人	人	人	人	人	人	
	機械	時間	時間	時間	時間	時間	時間	時間	時間	時間	
日	経 営 主										
天候	臨 時 雇	人	人	人	人	人	人	人	人	人	
	機械	時間	時間	時間	時間	時間	時間	時間	時間	時間	
計	（人力）										左のうち　人　人　人　臨時雇（男　女　計　）
	（機械）										機械別　　時間　　時間

作業日記帳

月	作業名 従業者									小計	メモ
日	経営主	日	日	日	日	日	日	日	日	日	
天候	臨時雇	人	人	人	人	人	人	人	人		
	機械	時間	時間	時間	時間	時間	時間	時間	時間		
日	経営主										
天候	臨時雇	人	人	人	人	人	人	人	人		
	機械	時間	時間	時間	時間	時間	時間	時間	時間		
日	経営主										
天候	臨時雇	人	人	人	人	人	人	人	人		
	機械	時間	時間	時間	時間	時間	時間	時間	時間		
日	経営主										
天候	臨時雇	人	人	人	人	人	人	人	人		
	機械	時間	時間	時間	時間	時間	時間	時間	時間		
日	経営主										
天候	臨時雇	人	人	人	人	人	人	人	人		
	機械	時間	時間	時間	時間	時間	時間	時間	時間		
計	（人力）									左のうち 人 人 人 臨時雇（男　女　計　）	
	（機械）									機械別　　時間　　時間	

作 業 日 記 帳

月	作業名／従業者									小計	メ モ
	経 営 主	日	日	日	日	日	日	日	日		
日											
天候	臨 時 雇	人	人	人	人	人	人	人	人		
	機械	時間	時間	時間	時間	時間	時間	時間	時間		
	経 営 主										
日											
天候	臨 時 雇	人	人	人	人	人	人	人	人		
	機械	時間	時間	時間	時間	時間	時間	時間	時間		
	経 営 主										
日											
天候	臨 時 雇	人	人	人	人	人	人	人	人		
	機械	時間	時間	時間	時間	時間	時間	時間	時間		
	経 営 主										
日											
天候	臨 時 雇	人	人	人	人	人	人	人	人		
	機械	時間	時間	時間	時間	時間	時間	時間	時間		
	経 営 主										
日											
天候	臨 時 雇	人	人	人	人	人	人	人	人		
	機械	時間	時間	時間	時間	時間	時間	時間	時間		
計	（人力）										左のうち　人　人　人 臨時雇（男　女　計　）
	（機械）										機械別　　時間　　時間

作業日記帳

月	作業名＼従業者								小計	メ　モ
日	経営主	日	日	日	日	日	日	日	日	
天候	臨時雇	人	人	人	人	人	人	人	人	
	機械	時間	時間	時間	時間	時間	時間	時間	時間	
日	経営主									
天候	臨時雇	人	人	人	人	人	人	人	人	
	機械	時間	時間	時間	時間	時間	時間	時間	時間	
日	経営主									
天候	臨時雇	人	人	人	人	人	人	人	人	
	機械	時間	時間	時間	時間	時間	時間	時間	時間	
日	経営主									
天候	臨時雇	人	人	人	人	人	人	人	人	
	機械	時間	時間	時間	時間	時間	時間	時間	時間	
日	経営主									
天候	臨時雇	人	人	人	人	人	人	人	人	
	機械	時間	時間	時間	時間	時間	時間	時間	時間	
計	（人力）								左のうち　人　人　人　臨時雇（男　女　計　）	
	（機械）								機械別　　　時間　　　時間	

作業日記帳

月 / 作業名 / 従業者										小計	メモ	
日	経営主		日	日	日	日	日	日	日	日		
天候	臨時雇		人	人	人	人	人	人	人	人		
	機械		時間	時間	時間	時間	時間	時間	時間	時間		
日	経営主											
天候	臨時雇		人	人	人	人	人	人	人	人		
	機械		時間	時間	時間	時間	時間	時間	時間	時間		
日	経営主											
天候	臨時雇		人	人	人	人	人	人	人	人		
	機械		時間	時間	時間	時間	時間	時間	時間	時間		
日	経営主											
天候	臨時雇		人	人	人	人	人	人	人	人		
	機械		時間	時間	時間	時間	時間	時間	時間	時間		
日	経営主											
天候	臨時雇		人	人	人	人	人	人	人	人		
	機械		時間	時間	時間	時間	時間	時間	時間	時間		
計	(人力)										左のうち 人 人 人 臨時雇（男 女 計 ）	
	(機械)										機械別	時間 時間

作業日記帳

月	作業名／従業者									小計	メ モ
日	経 営 主	日	日	日	日	日	日	日	日	日	
天候	臨 時 雇	人	人	人	人	人	人	人	人	人	
	機械	時間	時間	時間	時間	時間	時間	時間	時間	時間	
日	経 営 主										
天候	臨 時 雇	人	人	人	人	人	人	人	人	人	
	機械	時間	時間	時間	時間	時間	時間	時間	時間	時間	
日	経 営 主										
天候	臨 時 雇	人	人	人	人	人	人	人	人	人	
	機械	時間	時間	時間	時間	時間	時間	時間	時間	時間	
日	経 営 主										
天候	臨 時 雇	人	人	人	人	人	人	人	人	人	
	機械	時間	時間	時間	時間	時間	時間	時間	時間	時間	
日	経 営 主										
天候	臨 時 雇	人	人	人	人	人	人	人	人	人	
	機械	時間	時間	時間	時間	時間	時間	時間	時間	時間	
計	（人力）										左のうち　人　人　人 臨時雇（男　女　計　）
	（機械）										機械別　　時間　　時間

作 業 日 記 帳

月	作業名／従業者									小計	メ モ
日	経 営 主	日	日	日	日	日	日	日	日	日	
天候	臨 時 雇	人	人	人	人	人	人	人	人	人	
	機械	時間	時間	時間	時間	時間	時間	時間	時間	時間	
日	経 営 主										
天候	臨 時 雇	人	人	人	人	人	人	人	人	人	
	機械	時間	時間	時間	時間	時間	時間	時間	時間		
日	経 営 主										
天候	臨 時 雇	人	人	人	人	人	人	人	人	人	
	機械	時間	時間	時間	時間	時間	時間	時間	時間		
日	経 営 主										
天候	臨 時 雇	人	人	人	人	人	人	人	人	人	
	機械	時間	時間	時間	時間	時間	時間	時間	時間		
日	経 営 主										
天候	臨 時 雇	人	人	人	人	人	人	人	人	人	
	機械	時間	時間	時間	時間	時間	時間	時間	時間		
計	（人力）										左のうち 人 人 人 臨時雇（男 女 計 ）
	（機械）										機械別　　時間　　時間

作 業 日 記 帳

月	作業名／従業者									小計	メ　モ
日	経 営 主	日	日	日	日	日	日	日	日		
天候	臨 時 雇	人	人	人	人	人	人	人	人		
	機械	時間	時間	時間	時間	時間	時間	時間	時間		
日	経 営 主										
天候	臨 時 雇	人	人	人	人	人	人	人	人		
	機械	時間	時間	時間	時間	時間	時間	時間	時間		
日	経 営 主										
天候	臨 時 雇	人	人	人	人	人	人	人	人		
	機械	時間	時間	時間	時間	時間	時間	時間	時間		
日	経 営 主										
天候	臨 時 雇	人	人	人	人	人	人	人	人		
	機械	時間	時間	時間	時間	時間	時間	時間	時間		
日	経 営 主										
天候	臨 時 雇	人	人	人	人	人	人	人	人		
	機械	時間	時間	時間	時間	時間	時間	時間	時間		
計	（人力）									左のうち　人　人　人 臨時雇（男　女　計　）	
	（機械）									機械別　　時間　　時間	

作 業 日 記 帳

月 \ 作業名 \ 従業者										小計	メ モ
日	経 営 主		日	日	日	日	日	日	日	日	
天候	臨 時 雇		人	人	人	人	人	人	人	人	
	機械		時間	時間	時間	時間	時間	時間	時間	時間	
日	経 営 主										
天候	臨 時 雇		人	人	人	人	人	人	人	人	
	機械		時間	時間	時間	時間	時間	時間	時間	時間	
日	経 営 主										
天候	臨 時 雇		人	人	人	人	人	人	人	人	
	機械		時間	時間	時間	時間	時間	時間	時間	時間	
日	経 営 主										
天候	臨 時 雇		人	人	人	人	人	人	人	人	
	機械		時間	時間	時間	時間	時間	時間	時間	時間	
日	経 営 主										
天候	臨 時 雇		人	人	人	人	人	人	人	人	
	機械		時間	時間	時間	時間	時間	時間	時間	時間	
計	（人力）										左のうち 人 人 人 臨時雇（男 女 計 ）
	（機械）										機械別　時間　時間

作 業 日 記 帳

月 \ 作業名 \ 従業者										小計	メ モ
日	経 営 主	日	日	日	日	日	日	日	日	日	
天候	臨 時 雇	人	人	人	人	人	人	人	人	人	
	機械	時間	時間	時間	時間	時間	時間	時間	時間	時間	
日	経 営 主										
天候	臨 時 雇	人	人	人	人	人	人	人	人	人	
	機械	時間	時間	時間	時間	時間	時間	時間	時間	時間	
日	経 営 主										
天候	臨 時 雇	人	人	人	人	人	人	人	人	人	
	機械	時間	時間	時間	時間	時間	時間	時間	時間	時間	
日	経 営 主										
天候	臨 時 雇	人	人	人	人	人	人	人	人	人	
	機械	時間	時間	時間	時間	時間	時間	時間	時間	時間	
日	経 営 主										
天候	臨 時 雇	人	人	人	人	人	人	人	人	人	
	機械	時間	時間	時間	時間	時間	時間	時間	時間	時間	
計	（人力）										左のうち 人 人 人 臨時雇（男　女　計　）
	（機械）										機械別　　時間　　時間

作業日記帳

月	作業名／従業者									小計	メモ
日	経 営 主	日	日	日	日	日	日	日	日	日	
天候	臨 時 雇	人	人	人	人	人	人	人	人	人	
	機械	時間	時間	時間	時間	時間	時間	時間	時間		
日	経 営 主										
天候	臨 時 雇	人	人	人	人	人	人	人	人	人	
	機械	時間	時間	時間	時間	時間	時間	時間	時間		
日	経 営 主										
天候	臨 時 雇	人	人	人	人	人	人	人	人	人	
	機械	時間	時間	時間	時間	時間	時間	時間	時間		
日	経 営 主										
天候	臨 時 雇	人	人	人	人	人	人	人	人	人	
	機械	時間	時間	時間	時間	時間	時間	時間	時間		
日	経 営 主										
天候	臨 時 雇	人	人	人	人	人	人	人	人	人	
	機械	時間	時間	時間	時間	時間	時間	時間	時間		
計	（人力）										左のうち　人　人　人　臨時雇（男　女　計　）
	（機械）										機械別　　　時間　　　時間

作業日記帳

月	作業名／従業者								小計	メ モ
日	経 営 主	日	日	日	日	日	日	日	日	
天候	臨 時 雇	人	人	人	人	人	人	人	人	
	機械	時間	時間	時間	時間	時間	時間	時間	時間	
日	経 営 主									
天候	臨 時 雇	人	人	人	人	人	人	人	人	
	機械	時間	時間	時間	時間	時間	時間	時間	時間	
日	経 営 主									
天候	臨 時 雇	人	人	人	人	人	人	人	人	
	機械	時間	時間	時間	時間	時間	時間	時間	時間	
日	経 営 主									
天候	臨 時 雇	人	人	人	人	人	人	人	人	
	機械	時間	時間	時間	時間	時間	時間	時間	時間	
日	経 営 主									
天候	臨 時 雇	人	人	人	人	人	人	人	人	
	機械	時間	時間	時間	時間	時間	時間	時間	時間	
計	（人力）								左のうち　　人　人　人 臨時雇（男　女　計　）	
	（機械）								機械別　　　時間　　　時間	

作業日記帳

月	作業名／従業者									小計	メモ
日	経営主	日	日	日	日	日	日	日	日	日	
天候	臨時雇	人	人	人	人	人	人	人	人	人	
		時間	時間	時間	時間	時間	時間	時間	時間	時間	
	機械										
日	経営主										
天候	臨時雇	人	人	人	人	人	人	人	人	人	
		時間	時間	時間	時間	時間	時間	時間	時間	時間	
	機械										
日	経営主										
天候	臨時雇	人	人	人	人	人	人	人	人	人	
		時間	時間	時間	時間	時間	時間	時間	時間	時間	
	機械										
日	経営主										
天候	臨時雇	人	人	人	人	人	人	人	人	人	
		時間	時間	時間	時間	時間	時間	時間	時間	時間	
	機械										
日	経営主										
天候	臨時雇	人	人	人	人	人	人	人	人	人	
		時間	時間	時間	時間	時間	時間	時間	時間	時間	
	機械										
計	（人力）										左のうち　人　人　人 臨時雇（男　女　計　）
	（機械）										機械別　　時間　　時間

農家簿記 決算書

（令和　　年分）

氏　名　　　　　　　　　　

日本税経研究会

目　次

〔決算書〕　　　　　　　　　　　　　　　　　　　　　　　頁

- 8. 家族と経営の状況 …………………………………… 2
- 9. 耕　作　台　帳 …………………………………… 3
- 10. 作物の作付状況 …………………………………… 6
- 11. 家畜の飼養状況 …………………………………… 8
- 12. **科 目 別 整 理 帳** …………………………………… 9
- 13. **科 目 別 合 計 表** …………………………………… 34
- 14. 年　末　補　正　表 ………………………………… 39
- 15. 未成熟の果樹・牛馬等の取得価額表 ……………… 42
- 16. **償 却 資 産 台 帳** …………………………………… 44
  - 付・耐用年数表 ……………………………………… 58
- 17. 棚　　卸　　表 …………………………………… 63
- 18. **農 業 所 得 計 算 書** ………………………………… 68
- 19. **貸　借　対　照　表** ………………………………… 73
- （参考）　消費税関係 ………………………………… 86
  - Ⅰ　基本的な仕組み
  - Ⅱ　記帳と決算の方法
  - Ⅲ　申告・納付と届出等の手続
  - Ⅳ　適格請求書等保存方式（インボイス制度）

8　家族と経営の状況

家族の状況　　　　　　　　　　　　（　月　日現在）

氏　名	続柄	年齢	同居・別居の別	職　　業（勤務先、学校等）	事業従事日数	専従者の表示	摘　　要
	本　人	才			日		
	年　雇						雇入年月日
	〃						〃

経営の状況

種　　　目		耕　作　面　積			貸付地	飼育家畜等		数量
		自作地	借入地	計		種　別		
田	水　稲	m²／歩	m²／歩	m²／歩	m²／歩	牛	肉　用	頭
							搾乳用	
畑	普通畑						子　牛	
	野菜畑					豚	肉　豚	
							子　豚	
	果樹畑						種　豚	
						鶏	採卵用	羽
							肉　用	
	特殊畑					綿　羊		頭
						馬	使役用	
耕　地　計								
特殊施設								
山　　林								
原　　野								
宅　　地		m²／坪	m²／坪	m²／坪	m²／坪			

9 耕作台帳

区分	台帳の地目	土地所在地 (大字、字、地番)	現面積況							取得価額	本年中の取得価額の増加分	期末残高	耕地整理地区及び土地改良区の表示
			耕作田		畑		その他						
							けい畔	その他	地積 計				
			a 畝	m² 歩	a 畝	m² 歩	a 畝 m² 歩	a 畝 m² 歩	a 畝 m² 歩	円	円	円	
耕作地積の明細 自作地													
計													

区分	地目	土地所在地(大字,字,地番)	地積	借入先又は貸付先		取得価額	本年中の取得価額の増加分	期末残高	摘要
				住所	氏名				
借入地積の明細			a m² 畝 歩						
計									
貸付地積の明細						円	円	円	
計									

合計	耕作地					貸付地			
	田			畑		田		畑	
	自作地	借入地	計	自作地	借入地	計			計
地積の合計	a m² 畝 歩	a m² 畝 歩	a m² 畝 歩	a m² 畝 歩	a m² 畝 歩	a m² 畝 歩	a m² 畝 歩	a m² 畝 歩	a m² 畝 歩

区分	ほ場番号	品種名又は種類名	成木 植栽年	成木 本数（本）	成木 推計地積（a畝 / m²歩）	未成木 植栽年	未成木 本数（本）	未成木 推計地積（a畝 / m²歩）	取得価額（円）	本年中の取得価額の増加分（円）	期末残高（円）	摘要
果樹等の栽培地積の明細												
計												

10　作物の作付状況

種目	区分	品　種	作付面積		播種期	播種量	移植期	収穫期	摘　要
			a 畝	m² 歩	月　日	kg	月　日	月　日	
田	水稲								
	計								
	裏作								
	特殊田								
畑	普通畑								
	計								

種目	区分	品種	作付又は栽培面積		播種期	播種量	移植期	収穫期	摘要
			a 畝	m² 歩	月 日	kg	月 日	月 日	
畑	野菜畑								
	果樹畑								
	特殊畑								
特殊施設									

11　家畜の飼養状況

種目＼区分	品　種	名　称 (番　号)	購　入 年 月 日	種付 月 日	分　娩 月 日	売　却 月 日	摘　要

12 科目別整理帳

記入についての注意

(1) 科目別整理帳は、一般の簿記における「(総勘定)元帳」ともいうべきもので、損益計算書の作成に必要な収入と支出や、貸借対照表の作成に必要な事業主貸や事業主借を現金出納帳や預金出納帳、農産物受払帳等から転記して、科目別に集計します。

※ 13ページの「科目別索引」には、設定した科目やそのページを記入しておくと便利です。

なお、農産物受払帳を記帳している収入科目(稲作、麦作、雑穀など)に係る科目別整理帳については、日々の記帳を省略し、農産物受払帳から毎月の合計金額を「現金」、「現物」に区分して転記しても差し支えありません。

(2) 事業主貸、事業主借には、次のものを記入します。

○ 事業主貸……① 現金出納帳などから生活費として支出した金額
② 建物や自動車の減価償却費、動力光熱費などで、期末決算整理において家事関連費として経費から除いた金額
③ 農業用固定資産を売却した場合(農業所得の収入金額となるものを除きます。)の譲渡損の金額
④ 米や野菜など、自家消費等(種などに事業用消費した分は除きます。)したものの金額

○ 事業主借……① 家計から事業用資金として借入した金額
② 事業用の普通預金や定期預金、その他の預金に付いた本年中の利息の金額(税引後)
③ 農業用固定資産を売却した場合(農業所得の収入金額となるものを除きます。)の譲渡益の金額

(3) 「摘要」欄には、次のように表示するほか、科目によっては、その内容を簡記します。

現………現金出納帳から転記されたもの
預………預金出納帳から転記されたもの
物………農産物受払帳から転記されたもの

㊒　　現金出納帳
㊕　　預金出納帳　　の「科目」欄に○又は( )で表示(別冊「記帳書」の
㊛　　農産物受払帳　7ページ参照)されたもの

(決算期には、年末補正表に転記します。)

(4) 月末には、科目ごとに「現金」（預金出納帳から転記されたものを含みます。）と「現物」に区分して月計を付し、38ページ以下の「**科目別合計表**」の収入又は支出の部へそれぞれ転記します。

(5) 年末に一括して記帳することとしている家事消費等の農産物は、年末に種類別の合計額を記帳します。

　なお、家事消費等として記帳した農産物の金額は、事業主貸にも忘れずに記帳してください。

※　**現金主義会計**を選択している青色申告者及び白色の記帳義務者の場合は、原則として、この整理帳の記帳は必要ありませんが、記帳しておけば、決算を容易に行うことができ便利ですから、ぜひ記帳されるようおすすめします。

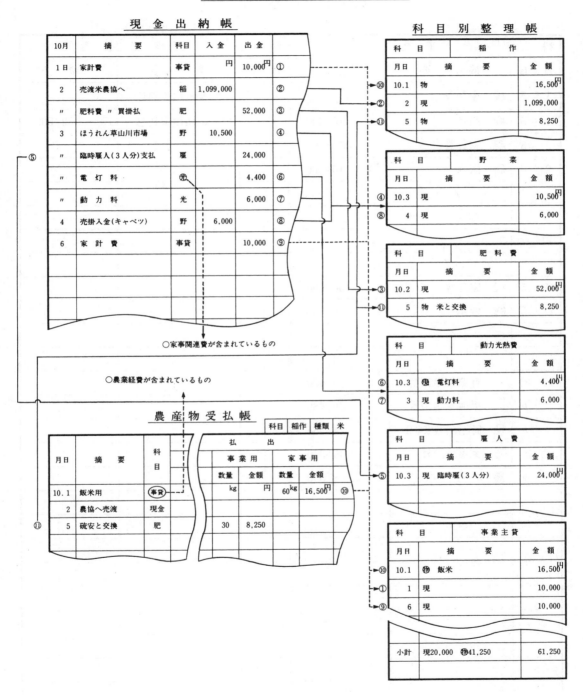

(事業主貸・事業主借の記載例)

科目別整理帳

科目			事業主貸		科目			事業主借	
月	日	摘要	金額		月	日	摘要	金額	
1	5	現 家計費	150	000円	2	28	預 普通預金利息	2	155円
1	6	㊄ 飯米	16	500	5	31	預 定期預金利息	82	500
2	5	現 家計費	150	000					
2	6	㊄ 飯米	16	500					
12	5	現 家計費	150	000					
12	6	㊄ 飯米	16	500					
12	31	野菜家事消費	56	480					
〃		果樹家事消費	36	480					
〃		㊵ 固定資産税家事分	24	566					
〃		㊗ 家事分除外	40	350					
〃		㊽ 〃	8	550					
		合 計	2,015	426			合 計	84	655

科 目 別 索 引

収　　　入				支　　　出			
科　　　目	略称	頁	摘　要	科　　　目	略称	頁	摘　要
稲　　　作	稲			租　税　公　課	税		
麦　　　作	麦			種　苗　費	種		
雑　　　穀	穀			素　畜　費	素畜		
				肥　料　費	肥		
薯　　　類	薯			飼　料　費	飼		
				農　具　費	農具		
野　　　菜	野			農　薬　衛　生　費	薬		
				諸　材　料　費	材		
				修　繕　費	修		
				動　力　光　熱　費	光		
				作　業　用　衣　料　費	衣		
果　　　樹	果			農　業　共　済　掛　金	共		
				荷　造　運　賃　手　数　料	運		
				雇　人　費	雇		
特　殊　作　物	特			利　子　割　引　料	利		
				地　代、賃　借　料	地		
畜　　　産	畜			土　地　改　良　費	改		
				共　販　諸　掛	諸		
				雑　　費	雑		
雑　収　入	雑収			専　従　者　給　与	専		
事　業　主　借	事借			事　業　主　貸	事貸		
				建物・構築物	建		
				農　機　具　等	機具		
				牛　馬　等	牛馬		
				果　樹　等	果樹		
そ　の　他	他入			そ　の　他	他出		

(注) 主な科目の内容については、記帳書の9ページに記載してありますので、参考にしてください。

科 目 別 整 理 帳

科 目			科 目		
月 日	摘 要	金 額	月 日	摘 要	金 額
		円			円
	合 計			合 計	

科 目 別 整 理 帳

科 目			科 目		
月 日	摘 要	金 額	月 日	摘 要	金 額
		円			円
	合 計			合 計	

科目別整理帳

科 目			科 目		
月 日	摘 要	金 額	月 日	摘 要	金 額
		円			円
	合　　計			合　　計	

科 目 別 整 理 帳

科　目				科　目			
月　日	摘　　要	金　　額		月　日	摘　　要	金　　額	
			円				円
	合　　計				合　　計		

科目別整理帳

科 目			科 目		
月 日	摘 要	金 額	月 日	摘 要	金 額
		円			円
	合　計			合　計	

科目別整理帳

科　目				科　目			
月 日	摘　要		金　額	月 日	摘　要		金　額
			円				円
	合　計				合　計		

科目別整理帳

科 目			科 目		
月 日	摘　要	金　額	月 日	摘　要	金　額
		円			円
	合　計			合　計	

科 目 別 整 理 帳

科　目				科　目			
月　日	摘　　要	金　額		月　日	摘　　要	金　額	
			円				円
	合　　計				合　　計		

科 目 別 整 理 帳

科 目			科 目		
月 日	摘　要	金　額	月 日	摘　要	金　額
		円			円
	合　計			合　計	

科目別整理帳

科　目				科　目			
月	日	摘　要	金　額	月	日	摘　要	金　額
			円				円
		合　計				合　計	

科目別整理帳

科　目			科　目		
月　日	摘　要	金　額	月　日	摘　要	金　額
		円			円
	合　　計			合　　計	

科　目　別　整　理　帳

科　目				科　目			
月 日	摘　　要	金　額		月 日	摘　　要	金　額	
		円				円	
	合　計				合　計		

科 目 別 整 理 帳

科 目			科 目		
月 日	摘 要	金 額	月 日	摘 要	金 額
		円			円
	合 計			合 計	

科目別整理帳

科 目				科 目			
月 日	摘 要	金 額		月 日	摘 要	金 額	
			円				円
	合 計				合 計		

科 目 別 整 理 帳

科　目			科　目		
月　日	摘　　要	金　　額	月　日	摘　　要	金　　額
		円			円
	合　　計			合　　計	

科目別整理帳

科	目				科	目			
月	日	摘　要	金　額		月	日	摘　要	金　額	
				円					円
		合　計					合　計		

科 目 別 整 理 帳

科　目			科　目		
月　日	摘　要	金　額	月　日	摘　要	金　額
		円			円
	合　計			合　計	

科目別整理帳

科　目				科　目			
月日	摘　要	金　額		月日	摘　要	金　額	
			円				円
	合　計				合　計		

科　目　別　整　理　帳

科　目			科　目		
月　日	摘　　要	金　額	月　日	摘　　要	金　額
		円			円
	合　　計			合　　計	

科目別整理帳

科　目				科　目			
月 日	摘　要	金　額		月 日	摘　要	金　額	
			円				円
	合　計				合　計		

13 科 目 別

(収入の部)

月別＼科目別		農業					
		稲 作	麦 作	雑 穀	薯 類	野 菜	果 樹
現金収入	1月	円	円	円	円	円	円
	2月						
	3月						
	4月						
	5月						
	6月						
	7月						
	8月						
	9月						
	10月						
	11月						
	12月						
	計						
現物収入（家事・事業用）	1月						
	2月						
	3月						
	4月						
	5月						
	6月						
	7月						
	8月						
	9月						
	10月						
	11月						
	12月						
	計						
合 計							

合 計 表

収　　入					事業主借	その他収入	計
特殊作物	畜　産		雑収入	小　計			
円	円	円	円	円	円	円	円

科　目　別

(支出の部)

月別 \ 科目別	農業						
	租税公課	種苗費	素畜費	肥料費	飼料費	農具費	農薬衛生費
現金支払 1月	円	円	円	円	円	円	円
2月							
3月							
4月							
5月							
6月							
7月							
8月							
9月							
10月							
11月							
12月							
計							
現物支払(農業用) 1月							
2月							
3月							
4月							
5月							
6月							
7月							
8月							
9月							
10月							
11月							
12月							
計							
合計							

合　　計　　表

支　　　　　出							
諸材料費	修　繕　費	動力光熱費	作業用衣料費	農業共済掛金	荷造運賃手数料	雇　人　費	利子割引料
円	円	円	円	円	円	円	円

科目別合計表（つづき）

（支出の部）

月別 \ 科目別		農業支出				専従者給与	事業主貸	その他支出	計
		地代賃借料	土地改良費		雑費				
現金支払	1月	円	円	円	円	円	円	円	円
	2月								
	3月								
	4月								
	5月								
	6月								
	7月								
	8月								
	9月								
	10月								
	11月								
	12月								
	計								
現物支払（農業用）	1月								
	2月								
	3月								
	4月								
	5月								
	6月								
	7月								
	8月								
	9月								
	10月								
	11月								
	12月								
	計								
合 計									

14 年 末 補 正 表 (記載例)

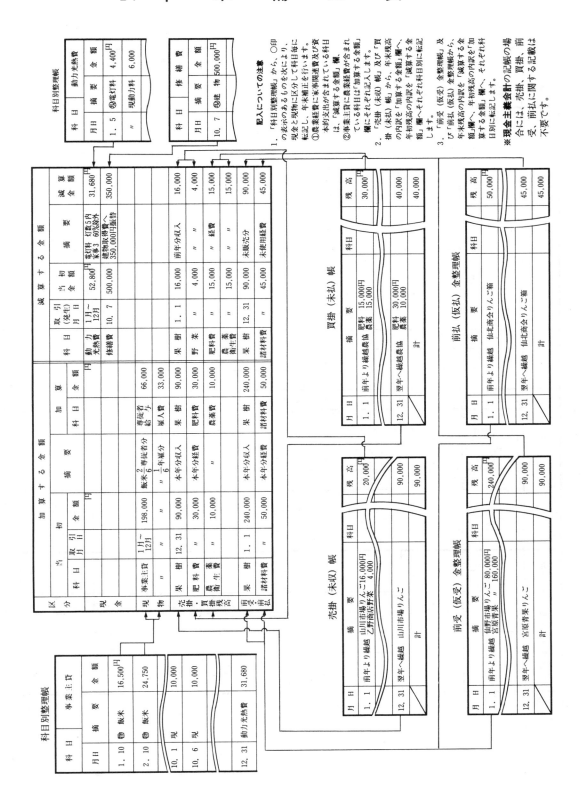

年　末

区分	当初			加算する金額	加算	
	科　目	取引(発生)月　日	金　額	摘　要	科　目	金　額
現　金			円			円
現　物						
売掛(未収)買掛(未払)残高						
前払(仮払)前受(仮受)残高						

補　正　表

科　　目	取引(発生) 月　　日	当初金額	減算する金額	
			摘　　　　要	減算金額
		円		円

15 未成熟の果樹・牛馬等の取得価額表

記入についての注意

(1) この表は、減価償却資産となる育成中の牛馬や豚、果樹等について、種類別、年齢（樹齢）別に記入します。

(2) 成熟したときは、50ページの「償却資産台帳」に移記しますが、年の中途で成熟した場合は、(B)の欄まで記入し、(C)欄には「何月何日成熟」等と記載します。

(3) 「本年中の育成等に要した費用」は、その年の必要経費に算入されない額ですから、70ページの「農業所得計算書」の「農業経費」の「未成熟果樹・牛馬等」欄に転記して、農業経費から減算します。

(4) 未成熟な果樹から収穫した収穫物は収入金として計算せず育成費用から控除することになっています。

　　ただし、毎年継続して収入金に計上する方法をとった場合に限り収入金に算入することもできます。

―メモ―

未成熟の果樹・牛馬等の取得価額表

| 種　　類 | 年齢又は樹齢 | 数量又は面積 | (A) 前年末累積額 | 本年中の育成等に要した費用 || (B) 価　額 | (C) 本年末の累積額 ((A)+(B)) |
				経費科目	基準金額等		
			円			円	円
計						(D)	

16 償却資産台帳

(付・耐用年数表)

記入についての注意

(1) 償却資産台帳は、減価償却の対象となる農業の用に供する建物及び構築物、農機具等、果樹・牛馬等の生物、繰延資産について記帳し、これらの資産の減価償却費及び年末未償却残高（貸借対照表の作成に使用します。）を計算します。

(2) この台帳に記帳する減価償却資産は、通常1単位として取引される単位、例えば1台、1個、1組又は1そろいの取得価額又は成熟価額が10万円以上で、その使用（収穫）可能年数が1年以上のものとされています。

　(注) 取得価額が10万円未満のもの又は使用可能年数が1年未満のものは、その取得価額に相当する金額を、その年分の必要経費（農具費など）に算入します。

(3) 前年より引き続き所有するものは、年初においてその全部を記帳し、年の中途で取得又は成熟したものは、その取得等のつど記帳します。

(4) 「構造又は用途」、「種類」欄は、耐用年数表の構造又は用途、種類及び細目の別によって記入します。

(5) 「取得（又は成熟）年月日」欄には、購入（製作）したものはその購入年月日、自己が成熟させたものはその成熟期に達した年月日を記入します。

(6) 「取得（又は成熟）価額」欄には、次の金額とその資産を農業の用に供するために直接要した費用の合計額を記入します。

　① 購入したもの＝その資産の購入の代価（引取運賃、荷役費、運送保険料、購入手数料その他購入のために要した費用が含まれます。）

　② 自己が製作、製造又は建設したもの＝その製作等のために要した原材料費、雇人費及びその他の経費の額

　③ 自己が成熟させた動物及び植物＝未成熟の動物（植物)を取得するために要した①の金額又は種付出産費（種苗代）、成熟までの期間に要した飼料費（肥料費・農薬費）及びその他の経費の額

　④ 贈与などにより取得したもの＝原則として、その資産を贈与した者の取得価額を、そのまま受贈者に引継いだ場合に計算される価額

(7) 「建物及び構築物」と「農機具等」に係る償却資産台帳の次の各欄は、それぞれ次のように記入します。

　① 「(B)本年取得価額に加算される額」欄には、改良等によりその資産の使用可能期間を延長させたり、その資産の価値を増加させるもの、いわゆる資本的支出に相当する金額を記入します。

　② 取得価額が10万円以上20万円未満の資産（平成11年1月1日以後に事業の用に供したものに限ります。）については、業務の用に供した年ごとに資産の全部又は特定の一部の取得価額の合計額を3年間で均等に必要経費に算入する（以下「一括償却資産の必要経費算入の特例」といいます。）

ことが認められており、本来の減価償却による必要経費への算入方法との選択適用ができます。

一括償却資産の必要経費算入の特例を受ける場合には、一括償却資産の必要経費算入の特例を受ける資産の取得価額を記載した書類を確定申告書に添付し、かつ、その計算に関する書類を保存しなければならないこととされていますので、一括償却資産の必要経費算入の特例を受ける資産については、償却資産台帳に通常の減価償却を行う資産と区分して記載する必要があります。

なお、一括償却資産の必要経費算入の特例の適用を受ける場合、個々の資産について必要経費算入額を計算するのではなく、特例の対象とした資産の取得価額の合計額を基に必要経費算入額を計算します。したがって、一括償却資産の必要経費算入の特例の適用を受ける資産については、種類、数量、取得年月日、取得価額のみを記入すれば十分です。決算時に、取得価額の合計額を計算し、減価償却費の計算方法に準じて必要経費算入額を計算することとなります。

③ 「(D)年初の未償却残高」欄には、貸借対照表を作成する場合や定率法によって償却費を計算する場合に必要ですから、前年までの取得価額から償却費の累積額を控除した額を記入します。

④ 「(E)償却の基礎になる金額」欄の計算は次によります。

　① 平成19年3月31日以前に取得した場合
　　イ 旧定率法の場合＝「年初の未償却残高(D)」の金額
　　ロ 旧定額法の場合＝「取得価額計(C)」の金額×0.9
　　ハ 一括償却資産の必要経費算入の特例を受ける場合＝取得価額の合計額

　② 平成19年4月1日以降に取得した場合
　　イ 200％定率法又は250％定率法の場合　「年初の未償却残高(D)」の金額又は「改定取得価額（最初に償却保証額に満たないこととなる年の「年初の未償却残高(D)」
　　ロ 定額法の場合　「取得価額(C)」の金額

(注) 平成10年4月1日以後に取得した建物の減価償却方法は定額法によることとされていますが、平成10年3月31日以前に取得した建物について、償却方法を定額法に変更する必要はありません。

(注) 平成19年3月31日以前に取得した減価償却資産については、減価償却費の累計額が「取得価額計(C)」の95％相当額（牛馬等は異なります。）に達した場合には、その達した年分の翌年分以後5年間において次の算式により計算した金額を減価償却費として償却を行い、1円まで償却します。

　　［算式］（取得価額－取得価額の95％相当額－1円）÷5×

$$\frac{\text{本年中に事業に使用していた月数}}{12} = \text{減価償却費}$$

⑤ 「(G)耐用年数・(H)償却率」欄には、58ページの耐用年数表を用いてその資産の耐用年数及びその耐用年数に応じて償却率を記入します。

(注) 一括償却資産の必要経費算入の特例を受ける場合、(G)耐用年数の記入は不要です。また、(H)償却率は⅓と記入します。

⑥ 「(I)本年中の償却期間」欄には、本年中の農業の用に供している月数（端数切上げ）を記入します。

（注）1 耐用年数を経過したものを使用している場合は、残存割合が5％に達するまで償却費を計算できます。

2 「本年取得価額に加算される額」の減価償却費については、「本年中の償却期間」がその資本的支出をした月から年末までの期間となりますので注意してください。

⑦ 「(K)割増（特別）償却費」欄には、租税特別措置法の割増（特別）償却を受ける場合にその額を記入します。

⑧ 「(M)農業専用割合」欄には、その資産のうち、農業の用に供している部分の面積又は使用程度の割合を記入します。

(8) 牛馬等にかかる「(C)残存割合」欄には、59ページの耐用年数表（生物）にある「残存割合」を記入します。なお、牛馬の「残存価額」は、その牛馬の取得（成熟）価額に残存割合を乗じて計算した金額と10万円とのいずれか少ない金額とします。

(9) 牛馬・果樹等にかかる「使用（収穫）可能年数・償却率」欄は、上記(7)の④に準じて記入します。

（注）牛馬・果樹等の償却方法は定額法によることとなっています。

（注）平成19年3月31日以前に取得した生物等の残存割合は次のとおりとなっています。

牛
- 繁殖用の乳用牛　　20％
- 種付用の役肉用牛　20％
- 種付用の乳用牛　　10％
- その他用のもの　　50％

馬
- 繁殖用　　　20％
- 競走用　　　20％
- 種付用　　　10％
- その他用のもの　30％

豚　　　　　　　　　30％
めん羊及びやぎ　　　5％
果樹その他の植物　　5％

〔牛馬については10万円と上記割合で計算した金額のいずれか少ない金額です。〕

（注）平成19年税制改正により、平成19年4月1日以降に取得した生物等については、残存割合の計算が廃止されましたので、1円（備忘価格）まで償却できます。

減価償却費

科　目	償却額
建物及び構築物	円
農機具等	
牛馬等	
果樹	
繰延資産	
計	

● 「償却資産台帳」から、科目ごとの償却額の合計を転記します。

この表の「計」欄の額は、68ページの「農業所得計算書」の「減価償却費④」欄に転記します。

（参考）減価償却制度の改正の概要（平成19年度）

平成19年度税制改正において、減価償却制度が次のとおり改正されました。

1　償却可能限度額及び残存価額の廃止等

① 平成19年４月１日以降に取得する減価償却資産について、償却可能限度額（取得価額の95％相当額）及び残存価額が廃止され、耐用年数経過時点において１円まで償却することとされました。

② 平成19年３月31日以前に取得した減価償却資産について、各年分において農業所得等の計算上、必要経費に算入された金額の累積額が償却可能限度額まで達している場合には、その達した年分の翌年分以後において、次の算式により計算した金額を償却費の額として償却を行い、１円まで償却することとされました。

【算　式】

```
                              （償却可能限度額）
   償却費の額 ＝ （取得価額 － 取得価額の95％相当額 － 1円） ÷ 5
   ※　年の中途での事業の用に供した場合などには、「本年中に事業に使用していた月数／
      12」を乗じます。
```

《適用時期》

　この改正は、平成20年分以後の所得税について適用されます。

③ 平成19年４月１日以後に取得する減価償却資産の償却費の額の計算において適用される「定額法の償却率」及び「定率法の償却率」等が定められました（61頁参照）。

2　新たな償却の方法

　平成19年４月１日以後に取得する減価償却資産の償却の方法については、次のとおりとされました。

　また、平成19年３月31日以前に取得した減価償却資産の償却の方法については、改正前の計算の仕組みが維持されつつ、その名称が、定額法は「旧定額法」に、定率法は「旧定率法」等に改められました。

(1) （新たな）定額法

　新たな定額法は、減価償却資産の取得価額に、その償却費の額が毎年同一となるように当該資産の耐用年数に応じた「定額法の償却率」（61頁参照）を乗じて計算した金額を、各年分の償却費の額として償却し、農業所得等の金額の計算上必要経費に算入することとされました。

　なお、耐用年数経過時点において１円まで償却します（前記１の①参照）。

【算　式】

```
   償却費の額 ＝ 取得価額 × 定額法の償却率
   ※　年の中途で事業の用に供した場合などには、「本年中に事業に使用していた月数／12」
      を乗じます。
```

(2) （新たな）定率法

① 新たな定率法は、減価償却資産の取得価額（2年目以後の年分にあっては、減価償却資産の取得価額から既に償却費の額として各年分の農業所得等の金額の計算上必要経費に算入された金額の累積額を控除した金額（以下、「未償却残高」といいます。））に、その償却費の額が毎年一定の割合で逓減するように当該資産の耐用年数に応じた「定率法の償却率」（61頁参照）を乗じて計算した金額（以下、「調整前償却額」といいます。）を、各年分の償却費の額として償却し、農業所得等の金額の計算上必要経費に算入することとされました。

【算式1】「調整前償却額≧償却保証額」の場合

> 償却費の額 ＝ 期首未償却残高 × 定率法の償却率
>
> ※ 年の中途で事業の用に供した場合などには、「本年中に事業に使用していた月数／12」を乗じます。

② また、この調整前償却額が当該減価償却資産の取得価額に「保証率」（61頁参照）を乗じて計算した金額（以下、「償却保証額」といいます。）に満たない場合には、最初にその満たないこととなる年の期首未償却残高を「改定取得価額」として、その改定取得価額に、その償却費の額がその後毎年同一となるように当該資産の耐用年数に応じた「改定償却率」（62頁参照）を乗じて計算した金額を、その後の各年分の償却費の額として償却し、農業所得等の金額の計算上必要経費に算入することとされました。

なお、耐用年数経過時点において1円まで償却します（前記1の①参照）。

【算式2】「調整前償却額＜償却保証額」の場合

> 償却費の額 ＝ 改定取得価額 × 改定償却率
>
> ※ 年の中途で事業の用に供した場合などには、「本年中に事業に使用していた月数／12」を乗じます。

3 届出等の手続

平成19年4月1日以後に取得する減価償却資産の償却の方法については、平成19年3月31日以前に取得したものと区分した上で、構築物、機械及び装置等といった資産の種類ごとや事務所又は船舶ごとに選定し、資産を取得した日等の属する年分の所得税に係る確定申告期限までに、その有する減価償却資産と同一の区分に属する減価償却資産に係る当該区分ごとに採用する償却の方法を記載した「減価償却資産の償却方法の届出書」を納税地の所轄税務署長に届け出ることとされています。

① 償却方法のみなし選定
　平成19年3月31日以前に取得した減価償却資産（以下「旧減価償却資産」といいます。）について「旧定額法」、「旧定率法」又は「旧生産高比例法」を選定している場合において、平成19年4月1日以後に取得する減価償却資産（以下「新減価償却資産」といいます。）で、同日前に取得したならば旧減価償却資産と同一の区分に属するものについて前記の届出書を提出していないときは、旧減価償却資産につき選定していた償却方法の区分に応じた償却方法を選定したとみなされ、新減価償却資産について「定率法」、「定額法」又は「生産高比例法」を適用することになりました。

② 法定償却方法
　「減価償却資産の償却方法の届出書」の提出をしていない新減価償却資産で前記①（償却方法のみなし選定）に該当しない場合は、新減価償却資産については、原則として、定額法が法定償却方法となります。
　なお、法定償却方法である定額法以外の償却方法（例えば、定率法、生産高比例法など）を選定するときは、「減価償却の償却方法の届出書」を提出する必要があります。

③ 償却方法の変更
　減価償却資産につき選定した償却の方法等を変更しようとするときは、新たな償却の方法を採用しようとする年の3月15日までに「減価償却の償却方法の変更届出書」を提出することとされています。
　なお、平成19年分の所得税について、減価償却資産につき選定した償却方法等を変更しようとするときは、「減価償却の償却方法の変更届出書」を、平成19年分の所得税に係る確定申告期限（平成20年3月17日）までに提出することにより、承認があったものとされました。

償　却　資

(1) 建物及び構築物

構造又は用途	面積又は数量	取得年月日	(A) 取得価額	(B) 本年取得価額に加算される額	(C) 計 (A)+(B)	(D) 年初の未償却残高	(E) 償却の基礎になる金額	(F) 償却方法
		年　月　日	円	円	円	円	円	

(注) 平成10年4月1日以後に取得した建物の減価償却方法は定額法のみとされています（平成10年3月31日以前に取得した建物で、定率法により減価償却を行っている場合、定率法のままでもかまいません。）。

産　台　帳

(G) 耐用年数 ……… (H) 償却率	(I) 本年中の償却期間	(J) 本年分の普通償却費 (E)×(H)×(I)	(K) 割　増 (特別) 償却費	(L) 本年分の償却費合　計 (J)+(K)	(M) 農業専用割合	(N) 本年分の必要経費算入額 (L)×(M)	(O) 年末の未償却残高	摘　要
………	/12	円	円	円	％	円	円	
………	/12							
………	/12							
………	/12							
………	/12							
………	/12							
………	/12							
………	/12							
………	/12							
………	/12							
………	/12							
………	/12							
………	/12							
………	/12							
………	/12							
………	/12							
………	/12							
………	/12							
………	/12							
………	/12							
………	/12							
………	/12							
………	/12							
………	/12							

償　却　資

(2) **農機具等**（二重線以下は一括償却資産を記入してください。）

種　類	数　量	取得年月日	(A) 取得価額	(B) 本年取得価額に加算される額	(C) 計 (A)+(B)	(D) 年初の 未償却残高	(E) 償却の基礎になる金額	(F) 償却 方法
		年　月　日	円	円	円	円	円	

産　台　帳

(G) 耐用年数 …………… (H) 償　却　率	(I) 本年中の 償却期間	(J) 本年分の 普通償却費 (E)×(H)×(I)	(K) 割　増 (特別) 償却費	(L) 本年分の 償　却　費 合　　計 (J)+(K)	(M) 農業専 用割合	(N) 本年分の 必要経費 算入額 (L)×(M)	(O) 年　末　の 未償却残高	摘　要
…………………	$\frac{}{12}$	円	円	円	％	円	円	
…………………	$\frac{}{12}$							
…………………	$\frac{}{12}$							
…………………	$\frac{}{12}$							
…………………	$\frac{}{12}$							
…………………	$\frac{}{12}$							
…………………	$\frac{}{12}$							
…………………	$\frac{}{12}$							
…………………	$\frac{}{12}$							
…………………	$\frac{}{12}$							
…………………	$\frac{}{12}$							
…………………	$\frac{}{12}$							
…………………	$\frac{}{12}$							
…………………	$\frac{}{12}$							
…………………	$\frac{}{12}$							
…………………	$\frac{}{12}$							
…………………	$\frac{}{12}$							
…………………	$\frac{}{12}$							
…………………	$\frac{}{12}$							
…………………	$\frac{}{12}$							
…………………	$\frac{}{12}$							
…………………	$\frac{}{12}$							

償 却 資

(3) 牛 馬 等

種 類	性別	年齢	取得又は成熟年月日	(A) 取得価額又は成熟価額	(B) 年初の未償却残高	(C) 残存割合	(D) 残存価額 (A)×(C)	(E) 償却の基礎になる金額 (A)-(D)
			年 月 日	円	円	%	円	円

産　台　帳

(F) 使用可能年数 ……………… (G) 償却率	(H) 本年中の償却期間	(I) 本年分の普通償却費 (E)×(G)×(H)	(J) 割増(特別)償却費	(K) 本年分の償却費合計 (I)+(J)	(L) 農業専用割合	(M) 本年分の必要経費算入額 (K)×(L)	(N) 年末の未償却残高	摘　要
………………	/12	円	円	円	％	円	円	
………………	/12							
………………	/12							
………………	/12							
………………	/12							
………………	/12							
………………	/12							
………………	/12							
………………	/12							
………………	/12							
………………	/12							
………………	/12							
………………	/12							
………………	/12							
………………	/12							
………………	/12							
………………	/12							
………………	/12							
………………	/12							
………………	/12							
………………	/12							
………………	/12							
………………	/12							
………………	/12							

償　却　資

(4) 果　樹

種　類	樹　齢	取得又は成熟年月日	(A)取得価額又は成熟価額	(B)年　初　の未償却残高	(C)償　却　の基礎になる金　　　額(A)×95%	(D)収　穫可能年数…………(E)償　却　率	(F)本年中の償却期間
	年	年　月　日	円	円	円	…………	$\frac{}{12}$
						…………	$\frac{}{12}$
						…………	$\frac{}{12}$
						…………	$\frac{}{12}$
						…………	$\frac{}{12}$
						…………	$\frac{}{12}$
						…………	$\frac{}{12}$
						…………	$\frac{}{12}$
						…………	$\frac{}{12}$
						…………	$\frac{}{12}$
						…………	$\frac{}{12}$
						…………	$\frac{}{12}$
						…………	$\frac{}{12}$

(5) 繰延資産

名　称　等	取得年月日	(A)取得価額	(B)年　初　の未償却残高	(C)支　出　の効　果　の及ぶ期間	(D)償　却　率	(E)本年中の償却期間
	年　月　日	円	円	月		―
						―
						―
						―
						―
						―
						―
						―

産 台 帳

(G) 本年分の 普通償却費 (C)×(E)×(F)	(H) 割　　増 (特別) 償　却　費	(I) 本年分の 償却費 合　　計 (G)+(H)	(J) 農　業 専用 割合	(K) 本年分の 必要経費 算入額 (I)×(J)	(L) 年　末　の 未償却残高	摘　　　要
円	円	円	%	円	円	

(F) 本年分の 普通償却費 (A)×(D)×(E)	(G) 農　業 専用 割合	(H) 本年分の 必要経費 算入額 (F)×(G)	(I) 年　末　の 未償却残高	摘　　　要
円	%	円	円	

付・耐用年数表

(1) 建物

構造又は用途	細目	耐用年数
れんが造、石造又はブロック造のもの	○事務所用のもの ○店舗用、住宅用のもの ○倉庫用、作業場用のもの（一般用）	41年 38 34
木造・合成樹脂造のもの	○事務所用 ○店舗用、住宅用のもの ○倉庫用、作業場用のもの（一般用）	24 22 15
木骨モルタル造のもの	○事務所用 ○店舗用、住宅用のもの ○倉庫用、作業場用のもの（一般用）	22 20 14
簡易建物	○木製主要柱が10cm角以下のもので、土居ぶき、杉皮ぶき、ルーフィングぶき又はトタンぶきのもの ○堀立造のもの及び仮設のもの	10 7

(2) 構築物

構造・用途	細目	耐用年数
農林業用のもの	主としてコンクリート造、れんが造、石造又はブロック造のもの 　果樹棚又はホップ棚 　その他のもの 　　【例示】頭首工、えん堤、ひ門、用水路、かんがい用配管、農用井戸、貯水そう、肥料だめ、たい肥盤、温床わく、サイロ、あぜなど	14年 17
	主として金属造のもの 　　【例示】斜降索道設備、農用井戸、かん水用又は散水用配管など	14
	主として木造のもの 　　【例示】斜降索道設備、稲架、牧さく（電気牧さくを含む。）など	5
	土管を主としたもの 　　【例示】暗きょ、農用井戸、かんがい用配管など	10
	その他のもの 　　【例示】薬剤散布用又はかんがい用塩化ビニール配管など	8

(3) 器具及び備品

細目	耐用年数
きのこ栽培用ほだ木	3年

(4) 機械及び装置

設備の種類	耐用年数
農業用設備	7年

(5) 生　物

種類	細目	耐用年数	残存割合	種類	細目	耐用年数	残存割合
牛	繁殖用（家畜改良増殖法（昭和25年法律第209号）に基づく種付証明書授精証明書、体内受精卵移植証明書又は体外受精卵移植証明書のあるものに限る。） 　　役肉用牛 　　乳用牛 種付用（家畜改良増殖法に基づく種畜証明書の交付を受けた種おす牛に限る。） 　　その他用	6年 4 4 6	50% 20 役肉用 20 乳用 10 50	なし樹		26	5
				桃樹		15	〃
				桜桃樹		21	〃
				びわ樹		30	〃
				くり樹		25	〃
				梅樹		25	〃
				かき樹		36	〃
				あんず樹		25	〃
				すもも樹		16	〃
				いちじく樹		11	〃
馬	繁殖用（家畜改良増殖法に基づく種付証明書又は授精証明書のあるものに限る。） 種付用（家畜改良増殖法に基づく種畜証明書の交付を受けた種おす馬に限る。） 　　競走用 　　その他用	6 6 4 8	20 10 20 30	キウイフルーツ樹		22	〃
				ブルーベリー樹		25	〃
				パイナップル		3	〃
				茶樹		34	〃
				オリーブ樹		25	〃
				つばき樹		25	〃
				桑樹	立て通し 根刈り、中刈り、高刈り	18 9	〃 〃
豚		3	30	こりやなぎ		10	〃
綿羊及びやぎ	種付用 その他	4 6	5 〃	みつまた		5	〃
				こうぞ		9	〃
かんきつ樹	温州みかん その他	28 30	〃 〃	もう宗竹		20	〃
				アスパラガス		11	〃
りんご樹	わい化りんご樹 その他のりんご樹	20 29	〃 〃	ラミー		8	〃
				ホップ		9	〃
ぶどう樹	温室ぶどう その他	12 15	〃 〃	まおらん		10	〃

（注）　平成19年3月31日以前に取得した生物等の残存割合は上記のとおりです。平成19年4月1日以後に取得した生物等については、残存割合の計算が廃止されました。

　なお、牛と馬については、残存価額（取得価額×残存割合）が10万円以上になる場合には、10万円となります。

●牛馬果樹等の成熟の年齢又は樹齢の判定

　牛馬果樹等についての減価償却費は、その牛馬果樹等が成熟期に達した月（成熟した後に取得したものについては、その取得の月）から計算できますが、その成熟期は、次によることとしています。

1　牛馬等については、通常事業に使用する年齢に達した時期によります。ただし、実際事業に使用した時期が通常事業に使用する年齢に達した後であるときは、その実際事業に使用した時期とします。

2　果樹等については、その果樹等の減価償却費を含めた場合において、おおむね収支相償うに至ると認められる時期とします。

上記1及び2による判定が困難な場合においては、次に掲げる年齢又は樹齢に達した時期によることができます。

種　類	用　途	成熟の年齢又は樹齢	種　類	用　途	成熟の年齢又は樹齢
牛		満2歳	梅　樹		満7年
馬	農　業　使　役　用 小　運　搬　使　役　用 繁　　　殖　　　用 種　　付　　用 競　　走　　用 そ　の　他　用	2 4 3 4 2 2	か　き　樹		10
			あ　ん　ず　樹		7
			す　も　も　樹		7
			いちじく樹		5
			茶　樹		8
豚	種　　付　　用 繁　　殖　　用	2 1	オリーブ樹		8
			桑　樹	立　て　通　し 根刈り、中刈り、高刈り	7 3
綿　羊		2			
かんきつ樹		15	こりやなぎ		3
りんご樹		10	みつまた		4
ぶどう樹		6	こ　う　ぞ		3
な　し　樹		8	ラ　ミ　ー		3
桃　樹		5	ホ　ッ　プ		3
桜　桃　樹		8			
び　わ　樹		8			
く　り　樹		8			

1　旧定額法、定額法の償却率表

耐用年数	平成19年3月31日以前取得 旧定額法償却率	平成19年4月1日以後取得 定額法償却率	耐用年数	平成19年3月31日以前取得 旧定額法償却率	平成19年4月1日以後取得 定額法償却率	耐用年数	平成19年3月31日以前取得 旧定額法償却率	平成19年4月1日以後取得 定額法償却率
2	0.500	0.500	19	0.052	0.053	36	0.028	0.028
3	0.333	0.334	20	0.050	0.050	37	0.027	0.028
4	0.250	0.250	21	0.048	0.048	38	0.027	0.027
5	0.200	0.200	22	0.046	0.046	39	0.026	0.026
6	0.166	0.167	23	0.044	0.044	40	0.025	0.025
7	0.142	0.143	24	0.042	0.042	41	0.025	0.025
8	0.125	0.125	25	0.040	0.040	42	0.024	0.024
9	0.111	0.112	26	0.039	0.039	43	0.024	0.024
10	0.100	0.100	27	0.037	0.038	44	0.023	0.023
11	0.090	0.091	28	0.036	0.036	45	0.023	0.023
12	0.083	0.084	29	0.035	0.035	46	0.022	0.022
13	0.076	0.077	30	0.034	0.034	47	0.022	0.022
14	0.071	0.072	31	0.033	0.033	48	0.021	0.021
15	0.066	0.067	32	0.032	0.032	49	0.021	0.021
16	0.062	0.063	33	0.031	0.031	50	0.020	0.020
17	0.058	0.059	34	0.030	0.030			
18	0.055	0.056	35	0.029	0.029			

2　旧定率法、定率法の償却率表

耐用年数	平成19年3月31日以前取得 旧定率法償却率	平成19年4月1日から平成24年3月31日までに取得 250%定率法			平成24年4月1日以後取得 200%定率法		
		償却率	改定償却率	保証率	償却率	改定償却率	保証率
2	0.684	1.000	—	—	1.000	—	—
3	0.536	0.833	1.000	0.02789	0.667	1.000	0.11089
4	0.438	0.625	1.000	0.05274	0.500	1.000	0.12499
5	0.369	0.500	1.000	0.06249	0.400	0.500	0.10800
6	0.319	0.417	0.500	0.05776	0.333	0.334	0.09911
7	0.280	0.357	0.500	0.05496	0.286	0.334	0.08680
8	0.250	0.313	0.334	0.05111	0.250	0.334	0.07909
9	0.226	0.278	0.334	0.04731	0.222	0.250	0.07126
10	0.206	0.250	0.334	0.04448	0.200	0.250	0.06552
11	0.189	0.227	0.250	0.04123	0.182	0.200	0.05992
12	0.175	0.208	0.250	0.03870	0.167	0.200	0.05566
13	0.162	0.192	0.200	0.03633	0.154	0.167	0.05180
14	0.152	0.179	0.200	0.03389	0.143	0.167	0.04854

耐用年数	平成19年3月31日以前取得 旧定率法 償却率	平成19年4月1日から平成24年3月31日までに取得 250%定率法			平成24年4月1日以後取得 200%定率法		
		償却率	改定償却率	保証率	償却率	改定償却率	保証率
15	0.142	0.167	0.200	0.03217	0.133	0.143	0.04565
16	0.134	0.156	0.167	0.03063	0.125	0.143	0.04294
17	0.127	0.147	0.167	0.02905	0.118	0.125	0.04038
18	0.120	0.139	0.143	0.02757	0.111	0.112	0.03884
19	0.114	0.132	0.143	0.02616	0.105	0.112	0.03693
20	0.109	0.125	0.143	0.02517	0.100	0.112	0.03486
21	0.104	0.119	0.125	0.02408	0.095	0.100	0.03335
22	0.099	0.114	0.125	0.02296	0.091	0.100	0.03182
23	0.095	0.109	0.112	0.02226	0.087	0.091	0.03052
24	0.092	0.104	0.112	0.02157	0.083	0.084	0.02969
25	0.088	0.100	0.112	0.02058	0.080	0.084	0.02841
26	0.085	0.096	0.100	0.01989	0.077	0.084	0.02716
27	0.082	0.093	0.100	0.01902	0.074	0.077	0.02624
28	0.079	0.089	0.091	0.01866	0.071	0.072	0.02568
29	0.076	0.086	0.091	0.01803	0.069	0.072	0.02463
30	0.074	0.083	0.084	0.01766	0.067	0.072	0.02366
31	0.072	0.081	0.084	0.01688	0.065	0.067	0.02286
32	0.069	0.078	0.084	0.01655	0.063	0.067	0.02216
33	0.067	0.076	0.077	0.01585	0.061	0.063	0.02161
34	0.066	0.074	0.077	0.01532	0.059	0.063	0.02097
35	0.064	0.071	0.072	0.01532	0.057	0.059	0.02051
36	0.062	0.069	0.072	0.01494	0.056	0.059	0.01974
37	0.060	0.068	0.072	0.01425	0.054	0.056	0.01950
38	0.059	0.066	0.067	0.01393	0.053	0.056	0.01882
39	0.057	0.064	0.067	0.01370	0.051	0.053	0.01860
40	0.056	0.063	0.067	0.01317	0.050	0.053	0.01791
41	0.055	0.061	0.063	0.01306	0.049	0.050	0.01741
42	0.053	0.060	0.063	0.01261	0.048	0.050	0.01694
43	0.052	0.058	0.059	0.01248	0.047	0.048	0.01664
44	0.051	0.057	0.059	0.01210	0.045	0.046	0.01664
45	0.050	0.056	0.059	0.01175	0.044	0.046	0.01634
46	0.049	0.054	0.056	0.01175	0.043	0.044	0.01601
47	0.048	0.053	0.056	0.01153	0.043	0.044	0.01532
48	0.047	0.052	0.053	0.01126	0.042	0.044	0.01499
49	0.046	0.051	0.053	0.01102	0.041	0.042	0.01475
50	0.045	0.050	0.053	0.01072	0.040	0.042	0.01440

17 棚　　卸　　表

※　**現金主義会計**の場合にはこの棚卸表の作成は必要ありません。

(1)　農　産　物　　　　　　　　　　　　　　　　　　　　　　（12月31日現在）

科　目	種　類	数　量	単　価	金　額	摘　　要
		kg	円	円	
計					

●記入についての注意
1　棚卸とは、12月31日現在で、農産物、農業用品等について、在庫数量等を確認し、それを評価することです。
2　この表には、別冊「記帳書」の65ページの「農産物受払帳」から米、麦、果実等について12月31日現在の残高を科目及び種類別にそれぞれ転記します。この場合、「農産物受払帳」の残高が現品と符合しないときは、その理由を摘要欄に記入の上、残高を修正して現品と一致させます。
3　棚卸金額の計算は、次の方法によります。
　(1)　政府買入価格などのあるものは、収穫時における政府買入価格などによって計算します。
　(2)　(1)以外のものについては、収穫した時の取引価額（庭先価額）によります。
4　「科目」及び「種類」欄には、「農産物受払帳」の科目及び種類（生産物）を記入します。
5　「摘要」欄には、農産物の品質、等級等を記入します。
6　合計額は、70ページの「農業所得計算書」へ転記します。（以下、各棚卸表についても同様です。）
7　次のようなものは強いて棚卸する必要はありません。
　(1)　稲わら、屑米等
　(2)　もみがら、桑から、その他の副産物で通常所得に計算しないもの
　(3)　家事用として記帳済みの米、麦、野菜等

(棚 卸 表)

(2) 農業用品 (12月31日現在)

品　名	単位	数量	単価	金額	摘　要
			円	円	
計					

●記入についての注意
1　この表には、12月31日現在で残っている購入した肥料、飼料、農業薬剤、未使用の俵、苗代用ビニール、杭等の諸材料、その他の農業に使用される貯蔵品について記入します。
2　毎年同程度の数量を翌年へ繰り越すものについては、棚卸を省略することができます。

(棚　卸　表)

(3) 家畜及び家きん類　　　　　　　　　　　　　　　　　　　　　(12月31日現在)

種　別	生後月数	数　量	(A) 年初の価額	本年中の飼育費用			(C) 年末棚卸価額 ((A)+(B))
				経費科目	基準金額等	(B)価　額	
			円			円	円
			計				

●記入についての注意
1　この表は、12月31日に現存する家畜又は家きん類について記入します。
2　「種別」欄には、次のように区分して記入します。
　　家　畜　類……豚、牛馬、綿羊等（販売の目的で飼育しているものに限ります。）
　　家きん類……鶏、あひる類（販売の目的で飼育しているものや棚卸資産に計上する方法を採用している場合の採卵用鶏などに限ります。）
3　本年中の飼育費用は、次により計算します。
　①　未成熟のものを購入又は自家生産したものを飼育している場合は、その購入価額等と年末までの飼料費（基準金額等を基として計算する。）等の合計額によります。
　②　年初より飼育しているものは、その年中の飼料費等によります。
4　家きん類について、年初と年末とにおける飼育数、平均年齢が同程度の場合には、本年中の飼育費用の計算を省略して、年初の価額をそのまま年末の棚卸価額として差し支えありません。

(棚 卸 表)

(4) 未収穫作物 (12月31日現在)

種 類	作付月日	数量又は地積	棚卸価額			摘 要
			経費科目	基準金額等	金額	
	月 日	a	種苗費		円	円
			種苗費			
			種苗費			
			種苗費			
			種苗費			
		計				

● 記入についての注意
1 この表は、12月31日においてまだ収穫していない農作物について要した費用を記入します。
2 毎年同程度の規模で作付けをする未収穫作物については、棚卸を省略できます。
3 収穫を開始しているが、また全部収穫していないような場合は、その作物に対する投下経費の総額を、収穫見込数量に対する未収穫見込数量の割合であん分して記入します。

― メ モ ―

18 農業所

科　目	収　入　の　部			
	現金収入 Ⓐ	現物収入 Ⓑ	年末補正増減額 Ⓒ	計
農業収入　稲　作	円	円	円	円
麦　作	Ⓐ、Ⓑには「科目別合計表」の（収入の部）から転記します。			
雑　穀				
薯　類				
野　菜				
果　樹				
特殊作物				
畜　産				
			Ⓒ、Ⓕには「年末補正表」から転記します。	
雑　収　入				
計				①
年末棚卸高Ⓖ　農産物				
農業用品				Ⓖには、「年末棚卸表」から科目ごとの合計額を転記します。
家畜、家きん類				
未収穫作物				
計				②
	(①+②)－(③+④+⑤+⑥+⑦)＝→黒字の場合→Ⓚ欄に　赤字の場合→Ⓙ欄に			
損失金額合計				Ⓙ

（注）⑦の青色申告特別控除額（最高10万円又は65万円）は、「(①+②)－(③+④+⑤+⑥)」の額が限度となります。

得 計 算 書（記入のしかた）

(年 月 日～ 月 日)

科　　目		支　　出　　の　　部			
		現 金 支 出 Ⓓ	現 物 支 払 Ⓔ	年末補正増減額 Ⓕ	計
農業経費	租 税 公 課	円	円	円	円
	種 苗 費	ⒹⒺには、「科目別合計表」の（支出の部）から転記します。			
	素 畜 費				
	肥 料 費				
	飼 料 費				
	農 具 費				
	農 薬 衛 生 費				
	諸 材 料 費				
	修 繕 費				
	動 力 光 熱 費				
	作 業 用 衣 料 費				
	農 業 共 済 掛 金				
	荷 造 運 賃 手 数 料				
	雇 人 費				
	利 子 割 引 料				
	地 代 賃 借 料				
	土 地 改 良 費				
	雑 費				
	未成熟果樹・牛馬等	「未成熟果樹・牛馬等」の本年中費用の計を転記して減算します。			△
	計				③
	減価償却費Ⓗ	「償却資産台帳」から、償却額の合計を転記します。			④
年初棚卸高①	農 産 物				①には、前年の「年末棚卸表」（新たに記帳を開始した場合は「年初棚卸表」）から、科目ごとの合計額を転記します。
	農 業 用 品				
	家畜、家きん類				
	未 収 穫 作 物				
	計				⑤
専 従 者 給 与					⑥
青色申告特別控除					⑦
所 得 金 額					Ⓚ
合 計					

— 69 —

農　業　所　得

	科　　目	収　　入　　の　　部			
		現　金　収　入	現　物　収　入	年末補正増減額	計
農業収入	稲　　作	円	円	円	円
	麦　　作				
	雑　　穀				
	薯　　類				
	野　　菜				
	果　　樹				
	特殊作物				
	畜　　産				
	雑　収　入				
	計				
年末棚卸高	農産物				
	農業用品				
	家畜、家きん類				
	未収穫作物				
	計				
	損　失　金　額				
	合　　計				

計 算 書

（　年　月　日〜　月　日）

科目		支出の部			
		現金支出	現物支払	年末補正増減額	計
農業所得	租税公課	円	円	円	円
	種苗費				
	素畜費				
	肥料費				
	飼料費				
	農具費				
	農薬衛生費				
	諸材料費				
	修繕費				
	動力光熱費				
	作業用衣料費				
	農業共済掛金				
	荷造運賃手数料				
	雇人費				
	利子割引料				
	地代賃借料				
	土地改良費				
	雑費				
	未成熟果樹・牛馬等				△
	計				
	減価償却費				
年初棚卸高	農産物				
	農業用品				
	家畜、家きん類				
	未収穫作物				
	計				
専従者給与					
青色申告特別控除額					
所得金額					
合計					

― メ モ ―

19 貸借対照表

1 青色申告特別控除の概要

① 青色申告特別控除制度のあらまし

※ 平成30年度の税制改正で65万円、55万円、10万円の3種類に分かれることが決まりました。2020年分以後の所得税および2021年度分以後の個人住民税から適用されます。

これまで65万円の控除を受けることができた方のなかで、次のいずれかの要件を満たした方については、従来どおり最高65万円の青色申告特別控除が受けられます。

(1) **電磁的記録の備付けおよび保存をしている場合**

その年分の事業にかかる仕訳帳および総勘定元帳について、電子計算機を使用して作成する国税関係帳簿書類の保存方法等の特例に関する法律に定めるところにより電磁的記録の備付けおよび保存を行っていること。

(2) **e-Taxにより電子申告をしている場合**

その年分の所得税の確定申告書、貸借対照表および損益計算書等の提出を、その提出期限までに電子情報処理組織（e-Tax）を使用して行うこと。

ア 青色申告特別控除制度のあらましは次のとおりです。

㋐ 不動産所得又は事業所得（以下「事業所得等」といいます。）を生ずべき事業を営む青色申告者（現金主義によることを選択している者を除きます。）で、これらの所得の金額にかかる取引を正規の簿記（一般的には複式簿記）の原則に従い、整然と、かつ、明瞭に記録している人については、一定の要件の下で、青色申告特別控除として最高55万円（65万円）を控除することができます。

㋑ 上記㋐の控除を受ける青色申告者以外の青色申告者は、その年分の不動産所得の金額、事業所得の金額又は山林所得の金額の計算上、最高10万円を控除することができます。

イ 上記アの㋐の55万円の青色申告特別控除を受けるためには、次のすべての要件を満たすことが必要とされています。

㋐ 事業所得等を生ずべき事業を営む青色申告者であること

㋑ 事業所得等の金額にかかる取引を正規の簿記の原則に従い記録し、その帳簿書類に基づいて作成した損益計算書、貸借対照表等を確定申告書に添付すること

㋒ 確定申告書を提出期限（原則としてその年の翌年3月15日）までに提出していること

ウ 上記イの㋐の要件については、青色申告をしている通常の農業所得者であれば満たすことになります。

上記イの㋑の要件については、一般的には仕訳帳、総勘定元帳その他必要な帳簿を備えた複式簿記による記帳が必要となります。

② 記帳の仕方と青色申告特別控除の関係

青色申告者は、原則として、その事業等にかかる資産、負債及び資本に影響を及ぼす一切の取引を「正規の簿記」の原則に従い、整然と、かつ、明瞭に記録し、その記録に基づき損益計

算書や貸借対照表を作成することが必要とされていますが、簡易な記帳の方式（農家簿記など）や現金主義による記帳方式も認められ、これらの記帳方式の場合には、貸借対照表の確定申告書への添付が免除されています。

　しかし、上記の①のアの55万円の青色申告特別控除の適用を受けるためには、貸借対照表の確定申告書への添付が必要となります。

③　正規の簿記の原則について

　55万円の特別控除は、正規の簿記の原則にしたがって記帳していることが適用要件の一つとされており、この場合の正規の簿記とは、複式簿記のほか、日々の継続的な記録および棚卸資産の棚卸しその他の決算整理を行うことによって貸借対照表および損益計算書を作成することができる程度の組織的な簿記もこれに該当すると解されます。

④　貸借対照表と損益計算書

　損益計算書は、1年間の収益（収入金額）・費用（必要経費）とその差額である利益（所得）を示すものです（損益法）。

　一方、貸借対照表は、ある特定の日のその者の資産、負債及び資本の状態を示すものであり、1年の年初と年末の資本を比較することにより1年間の利益（所得）が計算されます（財産法）。この場合、損益法及び財産法で計算した所得金額は、必ず一致することになります。

　複式簿記による記帳を行っている場合には、損益計算書はもとより、貸借対照表も自動的に作成されることになりますが、簡易な記帳（農家簿記など）の方法により記帳を行っている場合には、すべての取引について記帳をしているわけではありませんので、貸借対照表を作成するためには工夫が必要です。

2　貸借対照表の作成

(1) 開始貸借対照表

　前年分の貸借対照表を作成していない人でも、その年の1月1日現在の資産・負債・資本の各科目ごとの残高を調べ、開始貸借対照表を作成しておけば、元入金の計算等ができますので、ぜひ作成してください。

　なお、前年分も青色申告をしている方は、「令和〇年分（前年分）所得税青色申告決算書（農業所得用）」や、現金出納帳、売掛帳などの帳簿書類等を基に開始貸借対照表を作成することになりますが、簡易な記帳の方式（農家簿記など）では記録されない定期預金、貸付金、土地、借入金などについては、それぞれの残高を調べることが必要です。

（注）前年分の貸借対照表を作成した人は、前年12月31日（期末）の貸借対照表の金額をそれぞれその年の1月1日（期首）の資産・負債の各科目に移記して、期首の貸借対照表を作成することになります。

①　現金、普通預金、定期預金、その他の預金の残高調べ

　事業用現金の残高を調べ、その残高を現金出納帳の「残高」欄に記入するとともに、78ページの貸借対照表の「現金」欄に記入します。なお、まだ銀行等に預け入れていない受取小切手は、現金の中に含めます。

事業用の普通預金や定期預金などの残高を調べ、その残高を預金出納帳の「残高」欄に記入するとともに、78ページの貸借対照表のそれぞれの欄に記入します。この場合、預金出納帳は、普通預金、定期預金、その他の預金に分けてそれぞれの残高を記入します。
② 売掛金（未収金）・買掛金（未払金）の残高調べ
　　農産物等を販売して代金が未収となっているものや固定資産を売却して代金が未収となっているものなどは、売掛金（未収金）となります。
　　また、農業について生じた費用が未払となっているものや、固定資産の購入代金などが未払となっているものは、買掛金（未払金）となります。
　　それぞれの残高を調べ、売掛（未収）帳又は買掛（未払）帳の「残高」欄に記入するとともに、78ページの貸借対照表のそれぞれの欄に記入します。
(注) 1　特定の取引先と継続的に多数の取引がある場合には、独立した人名口座（○○農協、××市場、△△商店など）を設けて、それぞれの残高を調べ、売掛（未収）帳又は買掛（未払）帳の「残高」欄に記入します。
　　　 2　税込経理方式の場合の消費税の納付額又は還付額について、年末に未収入金又は未払金に計上する場合には、その額も未収金・未払金の残高に含まれます。
③ 有価証券の残高調べ
　　農業に関連して保有している有価証券（農協などへの出資を含みます。）の残高（評価額でなく取得価額）を調べ、債権債務整理帳の「残高」欄に記入するとともに、78ページの貸借対照表の「有価証券」欄に記入します。
④ 前払金・前受金の残高調べ
　　肥料、農薬、農機具等を購入するため前金を支払った場合で肥料等の納入が済んでいないものは前払金となります。
　　農産物の売り渡しを約束して前金を受け取った場合で農産物の引き渡しが済んでいないものは前受金となります。
　　それぞれの残高を調べ、前受金整理帳・前払金整理帳の「残高」欄に記入するとともに、78ページの貸借対照表のそれぞれの欄に記入します。
⑤ 貸付金・借入金の残高調べ
　　貸付金・借入金の残高を貸付先や借入先別に調べ、その残高を債権債務整理帳の「残高」欄に記入するとともに、78ページの貸借対照表のそれぞれの欄に記入します。
(注) 債権債務整理帳は、有価証券、貸付金、借入金又は預り金等の勘定科目ごとにページを分けて記入します。
⑥ 農産物等の在高調べ
　　農産物、畜産物、未収穫作物、肥料その他の貯蔵品ごとに、その数量、単価及び金額を調べ残高を計算します。
　　農産物等の残高を78ページの貸借対照表のそれぞれの欄に記入するとともに、棚卸表の様式をコピーするなどして記録しておいてください。
(注)　前年分も青色申告をしている方については、「令和○年分（前年分）所得税青色申告決

算書（農業所得用）」の「Ⓐ　収入金額の内訳」欄の「農産物の期末棚卸高」欄、及び「（Ⓑ　農産物以外の棚卸高の内訳」欄の「期末棚卸高」欄が農産物、畜産物、未収穫作物、貯蔵品等の在高となります。

⑦　未成熟の果樹・牛馬等の在高調べ

　未成熟の果樹、育成中の牛馬等に要した費用は、その投下した年の必要経費には算入しないで、果樹等が成熟し、牛馬等が成育するまで累積しておき、成熟又は成育した年から、その累積額を減価償却資産の取得価額として減価償却することになります。

　未成熟の果樹、育成中の牛馬等がある場合には、種類ごとに、その在高を調べ、未収熟の牛馬等又は果樹の取得価額表の「前年末累積額」欄に記入するとともに、78ページの貸借対照表の「未成熟の果樹・育成中の牛馬等」欄に記入します。

（注）前年分も青色申告をしている方については、「令和〇年分（前年分）所得税青色申告決算書（農業所得用）」の「Ⓕ牛馬・果樹等の育成費用の計算」欄の「令和〇年への繰越額」欄がその在高となります。

⑧　固定資産の在高調べ

　農業用の建物及び構築物、農機具等、牛馬、果樹等の「未償却残高」を種類ごとに調べ、償却資産台帳の「年初未償却残高」欄に記入するとともに、78ページの貸借対照表のそれぞれの欄に記入します。

⑨　土地の在高調べ

　農業用の土地の在高（取得価額）を１筆ごとに調べ、耕作台帳の「残高」欄に記入するとともに、78ページの貸借対照表の「土地」欄に記入します。

　相続等により取得したため、取得価額が明らかでないものであっても、譲渡所得の金額の計算上控除する取得費等の計算方法に準じて計算するとか、取得当時の時価や現存の固定資産税評価額等を参考にして合理的に取得価額を見積もる必要があります。

　なお、土地改良事業受益者負担金のうち、永久資産の取得費対応部分の金額については、土地の在高に含めます。

（注）貸借対照表上の土地の期末残高は、その年中に新たに土地を取得した場合や土地の取得価額を増加させるような支出があった場合に増加します。

⑩　繰延資産の在高調べ

　自己が便益を受ける公共的施設又は共同施設の設置又は改良のために支出する費用で支出の効果がその支出以後１年以上に及ぶものは、繰延資産となります。

　繰延資産の種類ごとに「未償却残高」を調べ、償却資産台帳の「年初未償却残高」欄に記入するとともに、78ページの貸借対照表に「繰延資産」欄を設け、そこに記入します。

（注）前年分も青色申告をしている方については、「令和〇年分（前年分）所得税青色申告決算書（農業所得用）」の「Ⓔ減価償却費の計算」欄の「繰延資産の未償却残高（期末残高）」欄がその在高となります。

⑪　土地改良事業受益者負担金の在高調べ

　土地改良事業受益者負担金のうち、繰延資産にかかる資産の取得費対応部分の金額の未償却

残高を調べ、償却資産台帳の「年初未償却残高」欄に記入するとともに、78ページの貸借対照表の「土地改良事業受益者負担金」欄に記入します。

(注) 前年分も青色申告をしている方については、「令和〇年分（前年分）所得税青色申告決算書（農業所得用）」の「Ⓔ減価償却費の計算」欄の「土地改良事業受益者負担金の未償却残高（期末残高）」欄がその在高となります。

⑫　預り金の残高調べ

　　青色専従者給与や雇人の給料賃金の源泉徴収税額の未納分など、他からの預り金の残高を調べ、債権債務整理帳の「残高」欄に記入するとともに、78ページの貸借対照表の「預り金」欄に記入します。

⑬　貸倒引当金の残高調べ

　　「令和〇年分（前年分）所得税青色申告決算書（農業所得用）」の「Ⓙ貸倒引当金繰入額の計算」欄の「令和〇年分繰入額」欄の額が残高となります。

　　なお、本年分から初めて青色申告をする方は、その年の1月1日現在の貸倒引当金はありません。

⑭　元入金の在高調べ

　　元入金の額は、資産の総額から負債の総額を差し引いて計算します。

(注) 事業主貸、事業主借は、開始貸借対照表には記入する必要はありません。

貸借対照表

(開始貸借対照表)　　　　　　　　　　　　　　　　　　　(1月1日現在)

資　産　の　部		負債・資本の部	
科　　目	金　　額	科　　目	金　　額
現　　　　　　金	円	買　　掛　　金	円
普　通　預　金		借　　入　　金	
定　期　預　金		未　　払　　金	
その他の預金		前　　受　　金	
売　　掛　　金		預　　り　　金	
未　　収　　金			
有　価　証　券			
農　産　物　等			
未収穫農産物等			
未成熟の果樹育成中の牛馬等			
肥料その他の貯蔵品			
前　　払　　金			
貸　　付　　金			
建　物・構　築　物			
農　機　具　等		債権償却特別勘定	
果　樹・牛　馬　等		貸　倒　引　当　金	
土　　　　　　地			
土地改良事業受益者負担金			
		元　　入　　金	
合　　　　　計		合　　　　　計	

(注)「元入金」は、「資産の総額」から「負債の総額」を差し引いて計算します。

(2) **貸借対照表（12月31日現在）**

12月31日現在の貸借対照表の資産・負債は、農家簿記で記帳・記録した現金出納帳や預金出納帳、売掛帳（未収帳）、買掛帳（未払帳）、債権債務整理帳、耕作台帳の期末残高、決算のために作成した未成熟の果樹・牛馬等の取得価額表や償却資産台帳、棚卸表などの期末残高により作成します。

① 貸借対照表上の勘定科目と農家簿記の帳簿等の関係

資産・負債・資本の残高を計算するための農家簿記上の帳簿等は、次のとおりです。

	貸借対照表上の勘定科目	左の科目を計算する農家簿記の帳簿等
資産の部	現金	現金出納帳の現金の年末残高
	普通預金、定期預金、その他の預金	預金出納帳の普通預金、定期預金、その他の預金の年末残高
	売掛金	売掛（未収）帳の売掛金の年末残高
	未収金	売掛（未収）帳の未収金の年末残高
	有価証券	債権債務整理帳の有価証券の年末残高
	農産物等	棚卸表（農産物）の在高
	未収穫農産物等	棚卸表（未収穫作物、家畜及び家きん類）の在高
	未成熟の果樹・育成中の牛馬等	未成熟の果樹・牛馬等の取得価額表の本年末の累積額
	肥料その他の貯蔵品	棚卸表（農業用品）の在高
	前払金	前払金整理帳の年末残高
	貸付金	債権債務整理帳の貸付金の年末残高
	建物・構築物	償却資産台帳の建物及び構築物の年末未償却残高
	農機具等	償却資産台帳の農機具等の年末未償却残高
	果樹・牛馬等	償却資産台帳の果樹・牛馬等の年末未償却残高
	土地	耕作台帳の土地の年末残高
	土地改良事業受益者負担金	償却資産台帳の土地改良事業受益者負担金の年末未償却残高
	事業主貸	科目別整理帳（事業主貸）の在高
負債の部	買掛金	買掛（未払）帳の買掛金の年末残高
	借入金	債権債務整理帳の借入金の年末残高
	未払金	買掛（未払）帳の未払金の年末残高
	前受金	前受金整理帳の年末残高
	預り金	債権債務整理帳の預り金の年末残高
	貸倒引当金	所得税青色申告決算書（農業所得用）の㊷欄の金額
	事業主借	科目別整理帳（事業主借）の在高

資本の部	元入金	期首元入金をそのまま移記
	青色申告特別控除前の所得金額	所得税青色申告決算書（農業所得用）の㊻「青色申告特別控除前の所得金額」欄の金額

② 貸借対照表と損益計算書の所得金額が一致しない場合

　貸借対照表で計算された所得金額は、所得税青色申告決算書（農業所得用）の㊻「青色申告特別控除前の所得金額」欄の金額と必ず一致することになりますが、一致しない場合には、何らかの勘定科目に計算違いや記入誤りがあることになります。

　一致しない場合には、次の点に注意して見直しをして補正してください。

ア　事業主貸について
　㋐　現金出納帳などから生活費として支出した金額が記入されているか。
　㋑　建物や自動車の減価償却費、動力光熱費などで、期末決算整理において家事関連費として経費から除いたものが記入されているか。
　㋒　農業用固定資産を売却した場合（農業所得の収入金額となるものを除きます。）の譲渡損の金額が記入されているか。
　㋓　米や野菜など、自家消費等（種などに事業用消費した分は除きます。）したものが記入されているか。

イ　事業主借について
　㋐　家計から事業用資金として借入した金額が記入されているか。
　㋑　事業用の普通預金や定期預金、その他の預金に付いた本年中の利息の金額（税引後）が、記入されているか。
　㋒　農業用固定資産を売却した場合（農業所得の収入金額となるものを除きます。）の譲渡益の金額が、記入されているか。

ウ　未収穫の果樹・牛馬等の育成費用の繰延計算が適正に行われているか。
エ　農産物等の棚卸計算が適正に行われているか。
オ　売掛金（未収金）、買掛金（未払金）、前払金、前受金又は借入金などが適正に処理されているか。

③ 翌年期首の整理

　事業主貸と事業主借は、翌年期首には元入金によって調整します。また、青色申告特別控除控除前の所得金額は、元入金に加算されます。

　翌年期首の元入金は、次の算式で計算します。

　（元入金＋青色申告特別控除前の所得金額）－（事業主貸－事業主借）

　＝翌年期首の元入金

④ 貸借対照表の作成

　農家簿記の帳簿等に基づき、82ページの貸借対照表（記入の仕方）に基づいて貸借対照表を作成します。

　なお、その際には次の点に注意してください。

ア 「1月1日（期首）」欄には、開始貸借対照表の金額をそのまま移記します。
　なお、前年分の貸借対照表を作成した人は、前年12月31日（期末）の賃借対照表の金額をそれぞれ資産・負債の各科目に移記します。
イ 「12月31日（期末）」欄の「補正後の金額」欄は、例えば前記②のように貸借対照表と損益計算書の所得金額が一致しない場合や、資産の部の合計金額と負債・資本の部の合計金額が一致しない場合などにおいて、その原因を調べて、補正後の金額を記入するとともに、その原因をメモしておきます。

貸 借 対

○ 資産の部

科　目	1月1日(期首)	12月31日(期末)		
		農家簿記の帳簿等	金　額	補正後の金額
現　　　　　金	円	現金出納帳の現金の年末残高	円	円
普　通　預　金		預金出納帳の普通預金の年末残高		
定　期　預　金		預金出納帳の定期預金の年末残高		
その他の預金		預金出納帳のその他の預金の年末残高		
売　掛　　金		売掛（未収）帳の売掛金の年末残高		
未　収　　金		売掛（未収）帳の未収金の年末残高		
有　価　証　券		債権債務整理帳の有価証券の年末残高		
農　産　物　等		棚卸表（農産物）の残高		
未収穫農産物等		棚卸表（未収穫作物、家畜及び家きん類）の残高量		
未成熟の果樹育成中の牛馬等		未成熟の果樹・牛馬等の取得価額表の本年末の累積額		
肥料その他の貯　蔵　品		棚卸表（農業用品）の残高		
前　払　　金		前払金整理帳の年末残高		
貸　付　　金		債権債務整理帳の貸付金の年末残高		
建物・構築物		償却資産台帳の建物及び構築物の年末未償却残高		
農　機　具　等		償却資産台帳の農機具等の年末未償却残高		
果樹・牛馬等		償却資産台帳の果樹・牛馬等の年末未償却残高		
土　　　　　地		耕作台帳の土地の年末残高		
土地改良事業受益者負担金		償却資産台帳の土地改良事業受益者負担金の年末未償却残高		
事　業　主　貸		科目別整理帳（事業主貸）の残高		
合　　　　　計				

— 82 —

照　　表（記入の仕方）

○ 負債・資本の部

科　　目	1月1日(期首)	12 月 31 日（期末）		
		農 家 簿 記 の 帳 簿 等	金　　額	補正後の金額
買　掛　金	円	買掛（未払）帳の買掛金の年末残高	円	円
借　入　金		債権債務整理帳の借入金の年末残高		
未　払　金		買掛（未払）帳の未払金の年末残高		
前　受　金		前受金整理帳の年末残高		
預　り　金		債権債務整理帳の預り金の年末残高		
貸 倒 引 当 金		所得税青色申告決算書（農業所得用）の㊷欄の金額		
事　業　主　借		科目別整理帳（事業主借）の残高		
元　入　金		期首元入金をそのまま移記		
青色申告特別控除前の所得金額		所得税青色申告決算書（農業所得用）の㊻欄の金額		
合　　　　計				

（注）「期首の元入金」は、「期首の資産の総額」から「期首の負債の総額」を差し引いて計算します。

(記載例)

貸 借 対 照 表

(12月31日現在)

資　産　の　部			負債・資本の部		
科　　目	1月1日(期首)	12月31日(期末)	科　　目	1月1日(期首)	12月31日(期末)
現　　　　　金	円 100,000	円 125,810	買　掛　金	円 30,000	円 40,000
普　通　預　金	900,000	1,357,758	借　入　金	1,500,000	1,350,000
定　期　預　金	1,500,000	2,500,000	未　払　金		
その他の預金			前　受　金	240,000	90,000
売　掛　金	250,000	300,000	預　り　金	10,000	15,000
未　収　金					
有　価　証　券					
農　産　物　等	145,000	164,300			
未収穫農産物等	224,000	161,000			
未成熟の果樹 育成中の牛馬等	275,000	335,000			
肥料その他の 貯　蔵　品	118,900	145,000			
前　払　金	50,000	25,000			
貸　付　金					
建物・構築物	7,426,750	6,785,050			
農　機　具　等	1,979,962	1,592,512	貸倒引当金	13,750	16,500
果樹・牛馬等	376,740	362,414			
土　　　　　地	7,500,000	7,500,000			
土地改良事業 受益者負担金					
			事　業　主　借		84,655
			元　入　金	19,052,602	19,052,602
事　業　主　貸		3,565,426	青色申告特別 控除前の所得金額		4,770,513
合　　　　　計	20,846,352	25,419,270	合　　　　　計	20,846,352	25,419,270

貸借対照表

(平成　年12月31日現在)

資産の部			負債・資本の部		
科目	1月1日(期首)	12月31日(期末)	科目	1月1日(期首)	12月31日(期末)
現　　　　　金	円	円	買　掛　金	円	円
普　通　預　金			借　入　金		
定　期　預　金			未　払　金		
その他の預金			前　受　金		
売　掛　金			預　り　金		
未　収　金					
有　価　証　券					
農　産　物　等					
未収穫農産物等					
未成熟の果樹 育成中の牛馬等					
肥料その他の 貯　蔵　品					
前　払　金					
貸　付　金					
建物・構築物					
農　機　具　等			貸倒引当金		
果樹・牛馬等					
土　　　　　地					
土地改良事業 受益者負担金					
			事　業　主　借		
			元　入　金		
事　業　主　貸			青色申告特別 控除前の所得金額		
合　　　　　計			合　　　　　計		

参考　消費税関係

　消費税は、事業者に負担を求めるのではなく、事業者が販売する商品やサービスの価格に上乗せされ、次々と転嫁され最終的には商品を消費し、又はサービスの提供を受ける消費者が負担します。
　また、生産、流通の各段階で二重、三重に税が課されることのないよう、課税売上げに対する消費税額及び地方消費税相当額から課税仕入れに含まれる消費税額及び地方消費税相当額を控除し、税が累積しないような仕組みが採られています。
　農業を営む者の農畜産物の販売、生産資材の購入なども消費税の課税の対象となりますが、消費税法では中小企業者の事務負担の軽減を図る等のため、事業者免税点制度、簡易課税制度などの措置が講じられています。

I　消費税の基本的な仕組み

1　課税対象

　消費税の課税対象には、国内取引と輸入取引があります。
　　国内取引………国内において事業者が事業として対価を得て行う資産の譲渡、資産の貸付け及び役務の提供
　　輸入取引………保税地域から引き取られる外国貨物
　国内取引の課税対象は、対価を得て行われる資産の譲渡（商品等の販売）、資産の貸付け（動産・不動産等の貸付け）及び役務の提供（サービスの提供）に限られますから、これ以外の無償で行われる取引、損害賠償金、補助金、国外取引など（不課税取引といいます。）は課税されません。
　ただし、個人事業者が棚卸資産又は棚卸資産以外の資産で事業の用に供していたものを家事のために消費し又は使用した場合や法人が資産をその役員に贈与した場合は課税の対象になります。

2　納税義務者

　消費税の納税義務者（課税事業者といいます。）は、取引の区分に応じて次のとおりとされています。
　　国内取引………課税対象となる取引を行う事業者
　　輸入取引………課税対象となる外国貨物を保税地域から引き取る者
　　　　　　　　　(注) 輸入取引の場合は、事業者に限らず、消費者である個人が輸入する場合にも納税義務者となります。
　なお、基準期間（個人事業者は前々年をいいます。）の課税売上高が1,000万円以下（基準期間において課税事業者である場合には、消費税及び地方消費税相当額を除いて1,000万円以下か

どうかを判定します。）の事業者（免税事業者といいます。）は、本年は納税義務が免除されます。ただし、課税事業者となることを選択する旨の届出書を提出した場合には、納税義務者となることができます。

> **(注)** 1　課税売上高とは、消費税が非課税とされる取引や不課税取引以外の課税対象の取引（免税取引を含みます。）の売上金額（課税事業者である場合は消費税及び地方消費税相当額を除きます。）の合計額からその取引に係る売上返品、売上値引きや売上割戻し等に係る金額（課税事業者である場合は消費税及び地方消費税相当額を除きます。）の合計額を控除した残額をいいます。
> 　　　なお、農畜産物の売上金額のほか、機械、建物等の事業用資産の売却代金、建物（住宅を除きます。）の賃貸料なども課税売上げに含まれます。
> 　　2　平成25年1月1日以後に開始する年にあっては、基準期間の課税売上高が1,000万円以下であっても、特定期間（その年の前年の1月1日から6月30日までの期間）の課税売上高が1,000万円を超えた場合には、その課税期間から消費税の課税事業者となります。なお、課税売上高に代えて、給与等支払額の合計額により判定することもできます。

3　非課税取引

次のものについては、消費税が課税されないこととされています。

イ　土地の譲渡や貸付け（一時的に使用させるものは除きます。）
ロ　有価証券等や支払手段（収集品及び販売用のものは除きます。）の譲渡
ハ　貸付金の利子、保険料等
ニ　郵便切手類、印紙、証紙の譲渡（特定の販売所での譲渡に限られます。）
ホ　商品券、プリペイドカードなどの物品切手等の譲渡
ヘ　国、地方公共団体等が法令に基づき徴収する手数料等
ト　国際郵便為替、国際郵便振替、外国為替業務等の手数料
チ　公的な医療保障制度に係る療養、医療、施設医療等
リ　介護保険サービス、社会福祉事業、社会福祉事業に類する事業として行われる資産の譲渡等のうち一定のもの
ヌ　お産費用等
ル　埋葬料、火葬料
ヲ　一定の身体障害者用物品の譲渡、貸付け等
ワ　学校教育法上の学校、専修学校、各種学校（修業期間が1年以上であること等一定の要件を満たすものに限られます。）等の授業料、入学金、入学・入園検定料、施設設備費、在学証明等手数料
カ　教科用図書の譲渡
ヨ　住宅の貸付け

4 免税取引

　消費税は国内において消費される商品やサービスについて負担を求めるものですから、輸出取引や輸出類似取引については消費税が課税されないことになっています。

5 課税標準

　税額の計算の基礎となる金額等を課税標準といいますが、消費税の課税標準は、取引の区分に応じ、次のとおりとされています。

　　国内取引………課税対象となる取引の対価の額（消費税額を除き、酒税、揮発油税等の個別消費税額を含みます。）
　　輸入取引………課税対象となる外国貨物の引取価額（CIF＋関税額＋個別消費税額）

　なお、個人事業者が棚卸資産又は棚卸資産以外の資産で事業の用に供していたものを家事のために消費し又は使用した場合には、その消費又は使用の時における資産の価額に相当する額（時価）が課税標準になります。

6 税率

　消費税の税率は7.8％です（地方消費税は、消費税率換算で2.2％とされていますから、消費税と地方消費税と合わせた税率は10％となります）。

7 納付税額の計算方法

　原則として、課税期間における課税売上高（免税取引に係るものは除外します。）の6.3％から課税仕入高の6.3％を差し引いた額が納付税額です。

　これを算式で示すと次のとおりとなります。

$$納付税額＝課税期間の課税売上高 \times \frac{7.8}{100} －課税期間の課税仕入高 \times \frac{7.8}{110}$$

$$地方消費税の納付税額＝消費税の納付税額 \times \frac{22}{78}$$

　なお、消費税込みの金額を基に計算する場合には、$\frac{7.8}{100}$は$\frac{7.8}{110}$となります。

　　(注) 1　課税仕入高とは、消費税が課税される取引の仕入金額（消費税及び地方消費税相当額を除きます。）の合計額からその仕入れに係る仕入返品、仕入値引きや仕入割戻し等に係る金額（消費税及び地方消費税相当額を除きます。）の合計額を控除した残額をいいます。

　　　　なお、課税仕入れとは、肥料や農薬、飼料等の購入のほか、機械、建物の購入、賃借、販売手数料や運送等のサービスの提供を受けることなどをも含みます。ただし、土地の購入や賃借、支払利子、給料、保険料等の非課税取引や免税取引、不課税取引に係るものは含まれません。

2　課税売上げ又は課税仕入れに係る返品、値引き、割戻し等があった場合には、元の取引時点までさかのぼって修正する必要はなく、このような事実の生じた日の属する課税期間の課税売上げ又は課税仕入れに係る消費税額から控除すればよいことになっています。
　　　また、貸倒れが生じた場合も同様です。

以上が納付税額の原則的な計算方法ですが、納付税額の計算に当たっては、次のような制約、特例が設けられています。

① **課税売上割合が95％未満の場合**

　その課税期間の課税売上割合が95％以上の場合には、課税仕入れに含まれる消費税額は全額控除できますが、95％未満の場合には、課税仕入れに含まれる消費税額のうち課税売上げに対応する部分の消費税額しか控除できません。

　したがって、この場合には、個別対応方式か一括比例配分方式のいずれかの方法により控除する消費税額を算出し、この算出した税額を課税売上高に対する消費税額から控除して納付する消費税額を計算します。

　なお、平成24年4月1日以降開始する課税期間からその課税期間の課税売上割合が95％以上であっても、課税売上高が5億円を超える場合には、個別対応方式か一括比例配分方式のいずれかの方法により計算を行います。

(注)　1　課税売上割合とは、課税期間の総売上高（課税売上高と輸出による免税売上高、非課税取引の売上高の合計額です。）に占める課税期間の課税売上高（輸出による免税売上高を含みます。）の割合をいいます。

　　　2　一括比例配分方式を選択した場合には、少なくとも2年間は継続して適用しなければなりません。

② **簡易課税制度による計算方法**

　基準期間の課税売上高が5,000万円以下の課税事業者が、簡易課税制度を選択する旨の届出書を提出した場合には、原則的な納付税額の計算方法に代えて、課税期間の課税売上高に対する消費税額にみなし仕入率を乗じて納付税額を計算する方法によることができます。

　なお、簡易課税制度のみなし仕入率は次のとおりであり、それぞれ次に掲げるみなし仕入率を適用して課税売上高から控除する税額（仕入控除税額）を計算することになります。

イ　第一種事業………90％

　第一種事業とは、卸売業（他の者から購入した商品をその性質及び形状を変更しないで他の事業者に対して販売する事業）をいいます。

ロ　第二種事業………80％

　第二種事業とは、小売業（他の者から購入した商品をその性質及び形状を変更しないで販売する事業で第一種事業以外のもの）をいいます。

ハ　第三種事業………70％

　第三種事業とは、農業、林業、漁業、鉱業、建設業、製造業（製造小売業を含みま

す。)、電気業、ガス業、熱供給業及び水道業をいいます。

　　ニ　第四種事業………60％
　　　　第四種事業とは、第一種事業、第二種事業、第三種事業及び第五種事業以外の事業をいいます（加工賃その他これに類する料金を対価とする役務の提供を行う事業を含みます。)。
　　ホ　第五種事業………50％
　　　　第五種事業とは、不動産、運輸通信業及びサービス業（飲食店業を除きます。）をいいます。
　　簡易課税制度を選択した場合には、課税期間中の課税仕入れに係る消費税額を計算する必要はなく、原則として、次の算式により計算した消費税額を納付することになります。
　　　納付税額＝課税売上高に対する消費税額－（課税売上高に対する消費税額×みなし仕入率）
　　したがって、農業の場合には原則として第三種事業に該当することになりますから、消費税と地方消費税の納付税額は次のとおりとなります。
　　　消費税の納付税額＝課税売上高×7.8％－（課税売上高×7.8％×70％）

$$地方消費税の納付税額＝消費税の納付税額 \times \frac{22}{78}$$

II　記帳と決算の方法

1　帳簿と記帳方法

(1)　帳簿

　　課税事業者は、帳簿を備え付け必要事項を記録することが義務付けられています。しかし、必要事項が記録できる帳簿であれば、形式は問わないことになっていますから、既に必要事項が記録できる帳簿を備え付けている場合は、消費税のために新たに帳簿を用意する必要はありません。したがって、農業所得について青色申告を選択している者は、現在記帳している帳簿を利用（帳簿の摘要欄等を利用）し必要事項を記載することで十分対応できます。

(2)　帳簿に記載すべき事項

　①　農産物の売上げなどがあった場合
　　イ　取引の年月日
　　ロ　取引の内容
　　ハ　取引金額
　　ニ　取引先の氏名か会社などの名称
　②　返品・値引・割戻しなど対価の返還等を受けた（行った）場合
　　イ　返品などを受けた（行った）年月日
　　ロ　返品などを受けた（行った）内容
　　ハ　返品などを受けた（行った）金額

ニ　取引先の氏名か会社などの名称

　記載する事項については、不特定多数の者との取引を行う事業では取引先の名称を省略することができます。

　なお、簡易課税制度を選択している事業者で、第一種事業から第五種事業までの二つ以上の事業を行っている者は、いずれの事業に該当するかの区分をする必要があります。

(3)　課税仕入れ等の事実を記載した帳簿等の保存

　課税仕入れ等に係る消費税額の控除をするためには、簡易課税制度が適用される事業者を除き課税仕入れ等の事実を記録した帳簿及び課税仕入れ等の事実を証する請求書等の保存が必要とされています。したがって、生産資材などの課税仕入れ等があった場合でも帳簿及び請求書等のいずれもが保存されていない場合（災害等保存できなかったことについてやむを得ない事情がある場合を除きます。）には、その保存されていない課税仕入れ等の税額は控除の対象となりません。

　なお、課税仕入れの事実等を記録した帳簿及び課税仕入れの事実を証する請求書等は、7年間保存しなければならないこととされています（ただし、6年目及び7年目は、帳簿又は請求書等のいずれかでよいこととされています。）。

① 　帳簿の記載事項

　その保存が仕入税額控除の要件となる帳簿への記載事項は、次のとおりです。

　イ　課税仕入れの相手方の氏名又は名称

　ロ　課税仕入れを行った年月日

　ハ　課税仕入れに係る資産又は役務の内容

　ニ　課税仕入れに係る支払対価の額

② 　請求書等の記載事項

　その保存が仕入税額控除の要件となる請求書等とは、課税資産の譲渡等を行った者が発行した請求書、納品書及び領収書その他これらに類する書類又は課税仕入れを行った事業者が作成する仕入明細書、仕入計算書その他これらに類する書類で、次の事項が記載された書類をいいます。

　イ　課税資産の譲渡等を行った者が発行する書類

　　(イ)　書類の作成者の氏名又は名称

　　(ロ)　課税資産の譲渡等を行った年月日

　　(ハ)　課税資産の譲渡等の対象とされた資産又は役務の内容

　　(ニ)　課税資産の譲渡等の対価の額

　　(ホ)　書類の交付を受ける事業者の氏名又は名称

　ロ　課税仕入れを行った事業者が作成する書類

　　(イ)　書類の作成者の氏名又は名称

　　(ロ)　課税仕入れの相手方の氏名又は名称

　　(ハ)　課税仕入れを行った年月日

　　(ニ)　課税仕入れに係る資産又は役務の内容

(ホ) 課税仕入れに係る支払対価の額
　　　なお、その書類に記載されている事項につき、その課税仕入れの相手方の確認を受けたものに限られます。

(4) **請求書等の保存を要しない課税仕入れの範囲**
　① 課税仕入れに係る支払対価の額の合計額が３万円未満である場合には、請求書等の保存は要せず、法定事項が記載された帳簿の保存のみで足りることとされています。
　　なお、３万円未満かどうかは、１商品ごとの税込金額等でなく、１回の取引の課税仕入れに係る税込金額により判定します。
　② 課税仕入れに係る支払対価の合計額が３万円以上の場合であっても、請求書等の交付を受けなかったことにつきやむを得ない理由があるときは、法定事項を記載した帳簿に当該やむを得ない理由及び課税仕入れの相手方の住所又は所在地を記載しているときは、適用要件を満たしているものとして取り扱われます。
　イ　この場合の「やむを得ない理由」とは、次の場合が該当することとされています。
　　(イ) 自動販売機を利用して課税仕入れを行った場合
　　(ロ) 入場券、乗車券、搭乗券等のように課税仕入れに係る証明書類が資産の譲渡等を受ける時に資産の譲渡等を行う者により回収されてしまうこととなっている場合
　　(ハ) 課税仕入れを行った者が課税仕入れの相手方に請求書等の交付を請求したが、交付を受けられなかった場合
　　(ニ) 課税仕入れを行った場合において、その課税仕入れを行った課税期間の末日までにその支払対価の額が確定していない場合
　　　なお、この場合には、その後支払対価の額が確定した時に課税仕入れの相手方から請求書等の交付を受け保存する必要があります。
　　(ホ) その他、これらに準ずる理由により請求書等の交付が得られなかった場合
　ロ　請求書等の交付を受けなかったことにつきやむを得ない理由がある場合においても、国税庁長官が指定する者については、その課税仕入れの相手方の住所又は所存他の記載を省略することができることとされており、具体的には、次の者が指定されています。
　　(イ) 汽車、電車、乗合自動車、船舶又は航空機に係る旅客運賃を支払って役務の提供を受けた場合の一般乗合旅客自動車運送事業者、航空運送事業者
　　(ロ) 郵便役務の提供を受けた場合の当該郵便役務の提供を行った者
　　(ハ) 課税仕入れに該当する出張旅費、宿泊費、日当及び通勤手当を支払った場合の当該出張旅費等を受領した使用人等
　　(ニ) 消費税法施行令第49条第２項の規定に該当する課税仕入れを行った場合の、その課税仕入れの相手方

(5) **記帳方法**
　記帳方法には、税抜経理方式と税込経理方式があり、事業者の判断でどちらの方式を選択しても自由です。
　税抜経理方式を選択する場合は、すべての取引について税抜経理を行うのが原則ですが、

売上げ等の収益に係る取引について税抜経理方式を適用している場合には、固定資産、繰延資産及び棚卸資産（以下「固定資産等」といいます。）の取得に係る取引又は販売費、一般管理費等（以下「経費等」といいます。）に係る取引のいずれかの取引について経理方式を選択適用できるほか、固定資産等のうち棚卸資産の取得に係る取引については、継続適用を条件として固定資産及び繰延資産と異なる方式を選択適用できることになっています。ただし、個々の固定資産等又は個々の経費等ごとに異なる方式を適用することはできません。

なお、免税事業者は税込経理方式によることになっています。

① 税抜経理方式

消費税及び地方消費税（以下、「消費税等」といいます。）相当額を売上高及び仕入高に含めないで区分して処理する方法で、個々の取引ごとに税抜金額で経理処理をする場合、消費税等の額を把握（消費税等の額が明示されていない課税取引については、105分の5を乗じて取引価額に含まれている消費税等相当額を算出する必要があります。）しなければならないとともに、課税取引のすべてが税抜金額と消費税等相当額の複合取引となります。

なお、個々の取引については税込金額によって経理処理をし、年末において一括して税抜経理の処理を行うという方法も認められています。

税抜経理方式の場合は、売上げに係る消費税等相当額は「仮受消費税等」、仕入れに係る消費税等相当額は「仮払消費税等」として損益に関係しない勘定科目となります。本来ですと、「仮受消費税等」と「仮払消費税等」の差額が納付税額ですが、簡易課税制度を選択している場合などは、これと実際の納付税額との間に差がでてきます。この場合、その差額は雑収入（マイナスの場合は雑損失）として処理します。

② 税込経理方式

消費税等相当額を売上高及び仕入高に含めて処理する方法です。この方式では、消費税等相当額を含めた金額が収入金額又は必要経費になります。また、消費税等の納付税額は租税公課として必要経費に、消費税等の還付税額は雑収入として収入金額に計上することになります。

なお、税込経理方式の場合には、現在の記帳方法を変更する必要はありません（勘定科目ごとに課税取引に該当する科目か、非課税取引や不課税取引に該当する科目かを明確にしておくと消費税等の計算に便利です。）。

参考までに具体的な取引に基づいて、税込経理方式と税抜経理方式（個々の取引ごとに税抜経理を行う場合）による仕訳の例を示すと95ページのとおりとなります。

(6) 現金主義による経理処理

所得税法により、現金主義の会計処理が認められている事業者（青色申告の小規模事業者）は、消費税でも現金主義による会計処理が認められることとされており、売掛・買掛、未収・未払等については、その金額を受取り、又は支払った日を取引年月日とすることができます。

(7) 新たに課税事業者又は免税事業者となった場合の棚卸資産の調整

① 新たに課税事業者となった場合

納税義務が免除されている事業者が新たに課税事業者になった場合には、免税事業者であった期間の課税仕入れに係る期末棚卸資産については、仕入れに係る消費税額の控除対象とされます。この場合の消費税額は、棚卸資産の税込仕入価額×108分の6.3によって求めます。

② 免税事業者となった場合

課税事業者が免税事業者となった場合には、免税事業者となった課税期間の直前の課税期間中における課税仕入れに係る期末棚卸資産については、当該直前の課税期間の仕入れに係る消費税額の控除対象とすることはできないこととされています。

2　決算の方法

消費税等の納税に当たって納付税額を計算するためには、課税期間中の課税売上げと課税仕入れを把握する必要があります（簡易課税制度を選択している場合は、課税仕入れを把握する必要はありません。）。所得税に係る収入及び経費等の中には、消費税の課税売上げや課税仕入れにならないものが含まれていますので、消費税の課税売上げや課税仕入れになるものとならないものを区分して集計する必要があります。

税込経理方式を選択している青色申告者の場合には、所得税の決算のための集計を行い、集計を行った各科目の中から消費税の課税売上げや課税仕入れにならないものを抜き出す方法によると便利です。

《消費税等に関連する仕訳例》

区　　分	仕　　訳	
	①　税込経理方式	②　税抜経理方式
（例１） 肥料440,000円（税込み）を仕入れ、代金を買掛金とした。	（肥　料　費）　440,000円 　　（買　掛　金）　440,000円	（肥　料　費）　400,000円 （仮払消費税等）　40,000円 　　（買　掛　金）　440,000円
（例２） 農薬 55,000円（税込み）を返品した。	（買　掛　金）　55,000円 　　（農　薬　費）　55,000円	（買　掛　金）　55,000円 　　（農　薬　費）　50,000円 　　（仮払消費税等）　5,000円
（例３） 野菜 660,000円（税込み）を売上げ、代金を売掛金とした。	（売　掛　金）　660,000円 　　（野　菜　売　上）　660,000円	（売　掛　金）　660,000円 　　（野　菜　売　上）　600,000円 　　（仮受消費税等）　60,000円
（例４） 野菜 33,000円（税込み）の売上返品があった。	（野　菜　売　上）　33,000円 　　（売　掛　金）　33,000円	（野　菜　売　上）　30,000円 （仮受消費税等）　3,000円 　　（売　掛　金）　33,000円
（例５） 売掛金 110,000円（税込み）が回収不能となり、貸倒れとした。	（貸　倒　損　失）　110,000円 　　（売　掛　金）　110,000円	（貸　倒　損　失）　100,000円 （仮受消費税等）　10,000円 　　（売　掛　金）　110,000円
（例６） 過年度にて貸倒れの処理をしてあった売掛金220,000円につき、現金で全額回収した。	（現　　　金）　220,000円 　　（雑　収　入）　220,000円	（現　　　金）　220,000円 　　（雑　収　入）　200,000円 　　（仮受消費税等）　20,000円
（例７） 消費税額 300,000円を現金で納付した。	（租　税　公　課）　300,000円 　　（現　　　金）　300,000円	（仮受消費税等）　2,000,000円 　　（仮払消費税等）　1,700,000円 　　（現　　　金）　300,000円 ※（注１）参照
（例８） 消費税額 200,000円が還付になり当座預金に振り込まれた。	（当　座　預　金）　200,000円 　　（雑　収　入）　200,000円	（仮受消費税等）　1,400,000円 （当　座　預　金）　200,000円 　　（仮払消費税等）　1,600,000円 ※（注２）参照

（注）1　課税期間中の仮受消費税等の残高が2,000,000円、仮払消費税等の残高が1,700,000円であったものとします。
　　　2　課税期間中の仮受消費税等の残高が1,400,000円、仮払消費税等の残高が1,600,000円であったものとします。
　　　3　この設例は、課税売上割合が95％以上の課税事業者についてのものです。

《設例》
(1) 青色申告決算書

	科目		決算額	課否	消費税対象額	備考
収入金額	販売金額		10,081,844円	○	10,081,844円	
	家事消費金額 事業消費金額		372,496	○(×)	358,496	事業消費14,000円(×)、家事消費358,496円(○)
	雑収入		119,714	○(×)	69,714	出荷奨励金 69,714円(○)、受取共済金50,000円(×)
	小 計		10,574,054			
	農産物の棚卸高	期首	195,200	—		
		期末	260,784	—		
	計		10,639,638			
経費	租税公課		114,634	×		
	種苗費		136,760	○	136,760	
	素畜費					
	肥料費		363,233	○	363,233	
	飼料費					
	農具費		208,960	○	208,960	
	農薬・衛生費		250,286	○	250,286	
	諸材料費		154,463	○	154,463	
	修繕費		248,180	○	248,180	
	動力光熱費		176,656	○	176,656	
	作業用衣料費		80,000	○	80,000	
	農業共済掛金		77,479	×		
	減価償却費		1,309,275	—		事業用資産購入時に一括して仕入税額控除
	荷造運賃手数料		47,610	○	47,610	
	雇入費		95,000	×		
	利子割引料		151,000	×		
	地代・賃借料		498,870	○(×)	162,000	地代336,870円(×)、機械賃借料162,000円(○)
	土地改良費		370,000	○	370,000	
	共同防除費					
	組合費・部会費					
	交際費					

				金額	課否	消費税対象額	備考
経費	福利厚生費						
	雑　　　費			22,850	○(×)	22,850	すべて課税対象のものと仮定
	小　　　計			4,305,256			
	農産物以外の棚卸高	期首		13,800	—		
		期末		22,700	—		
経費から差し引く牛馬果樹等の育成費							
計				4,296,356			
差　引　金　額				6,343,282			
各種引当金等	繰戻額	貸倒引当金			—		
	繰入額	専従者給与		1,750,000	×		
		貸倒引当金			—		
青色申告特別控除前の所得金額				4,593,282			
青色申告特別控除額				100,000	—		
所　得　金　額				4,493,282			

(2) **課税期間中に購入又は売却した事業用固定資産等**

売却した事業用資産				購入した事業用資産			
科目	金額	課否	消費税対象額	科目	金額	課否	消費税対象額
				農機具	750,000円	○	750,000円
				〃	1,700,000円	○	1,700,000円

(注) 1　税込経理方式により経理処理を行っていたものとします。
　　 2　「課否」欄の○印は、課税売上げ又は課税仕入れに該当するもの、×印は課税売上げ又は課税仕入れのいずれにも該当しないもの、—印は取引外のもの（消費税の計算に無関係のもの）であることを示します。

（課税売上高の計算）

課税売上げの合計金額(税込) = 10,081,844円（販売金額） + 358,496円（家事消費）（第3種事業） + 69,714円（出荷奨励金）（第4種事業） = 10,510,054円

課税売上高(税抜) = $10,510,054円 \times \frac{100}{110} = 9,554,595円$

Ⅲ 申告・納付と届出等の手続

1 申告・納付の手続

　課税事業者は、課税期間(個人事業者は歴年、ただし、短縮の課税期間を選択している場合には、その短縮の課税期間)終了後2か月以内(個人事業者の歴年分は翌年3月末日まで)に所轄税務署長に確定申告書を提出し納付することとされています。

　なお、直前の課税期間の確定消費税額(注1)が①4,800万円超の場合、②400万円超4,800万円以下の場合、又は③48万円超400万円以下の場合は、それぞれ、①の場合はその金額の12分の1ずつを年11回、②の場合は、その金額の4分の1ずつを年3回(個人事業者の場合は、5月、8月、11月の各月末)、③の場合はその金額の2分の1を年1回(個人事業者の場合は8月末)に中間申告を提出し納付することとされています。

　この方法によらず、中間申告期間を一課税期間とみなして、仮決算に基づく中間申告をすることもできます。

　また、確定申告書や仮決算による中間申告書には、資産の譲渡等の対価の額及び課税仕入れ等の税額等の計算に関する明細その他の事項を記載した書類を添付することとされています。

(注) 1　「確定消費税額」とは、中間申告期間の末日までに確定した消費税の年税額をいいます(地方消費税は含みません。)。
　　　2　課税売上高に対する消費税額よりも課税仕入高に含まれる消費税額が多い場合又は確定申告による消費税額よりも中間申告による納付額が多い場合など、消費税額の控除不足額がある場合には、確定申告書を提出することにより還付されます。

2 届出の手続

　事業者は、消費税法で定められている各種の届出の要件に該当する事実が生じた場合には、納税地の所轄税務署長に対して、その旨を記載した届出書を提出しなければならないことになっていますので、主要な届出書について説明します。

(1) 消費税課税事業者届出書

　課税期間の基準期間(個人事業者は前々年)における課税売上高が1,000万円を超えることとなった場合など、その旨を記載した消費税課税事業者届出書を速やかに所轄税務署長に届け出なければならないことになっています。

(注)　平成25年1月1日以後に開始する年にあっては、基準期間の課税売上高が1,000万円以下であっても、特定期間(その年の前年の1月1日から6月30日までの期間)の課税売上高が1,000万円を超えた場合には、その課税期間から消費税の課税事業者となります。なお、課税売上高に代えて、給与等支払額の合計額により判定することもできます。

(2) 消費税簡易課税制度選択届出書

　基準期間の課税売上高が5,000万円以下の課税事業者が、簡易課税制度を選択しようとする場合には、その課税期間の初日の前日（個人事業者の場合は前年12月31日）までにその旨を記載した消費税簡易課税制度選択届出書を所轄税務署長に届け出る必要があります。この届出を行った場合には、少なくとも2年間は簡易課税制度を継続して適用しなければなりません。

(3) 消費税課税事業者選択届出書

　基準期間の課税売上高が1,000万円以下の事業者等で、消費税の還付を受ける等のために課税事業者を選択する場合は、その課税期間の初日の前日（個人事業者の場合は前年12月31日）までにその旨を記載した消費税課税事業者選択届出書を所轄税務署長に届け出る必要があります。

　この届出を行った場合には、少なくとも2年間は継続して課税事業者となります。

Ⅳ 適格請求書等保存方式（インボイス制度）

1 適格請求書等保存方式の概要

適格請求書等保存方式とは、複数税率に対応したものとして令和5年10月1日に開始される、仕入税額控除の方式です。

*買手が仕入税額控除の適用を受けるためには、帳簿の他、売手から交付を受けた「適格請求書」等の保存が必要となります。

＊買手が作成した仕入明細書等による対応も可能です。

適格請求書とは、「売手が買手に対して正確な適用税率や消費税額等を伝えるための手段」であり登録番号の他、一定の事項が記載された請求書や納品書その他これらに類するものをいいます（請求書や納品書、領収書、レシート等その名称は問いません。）。

適格請求書を交付することができるのは、税務署長の登録を受けた「適格請求書発行事業者」に限られます。

課税事業者が、登録を受けることができます（登録申請手続については103頁参照）。

*適格請求書発行事業者の登録を受けていない事業者でも適格請求書に該当しない請求書等は発行することができます。

*登録を受けていない事業者が適格請求書と誤認されるおそれのある書類を交付することは、法律によって禁止されており、違反した場合の罰則も設けられています。

2 適格請求書の記載事項・記載の留意点

適格請求書の記載事項

適格請求書に必要な記載事項は以下のとおりです。様式は法令または通達等で定められておらず、必要な事項が記載されたものであれば、名称を問わず、また、手書きであっても、適格請求書に該当します。

下線の項目が、現行の区分記載請求書の記載事項（91頁参照）に追加された事項です。

不特定多数の者に対して販売等を行う小売業、飲食店業、タクシー業等に係る取引については、適格請求書に代えて、適格簡易請求書を交付することができます。

適格請求書

① 適格請求書発行事業者の氏名又は名称及び登録番号
② 取引年月日
③ 取引内容（軽減税率の対象品目である旨）
④ 税率ごとに区分して合計した対価の額（税抜き又は税込み）及び適用税率
⑤ 税率ごとに区分した消費税額等
⑥ 書類の交付を受ける事業者の氏名又は名称

適格簡易請求書

① 適格請求書発行事業者の氏名又は名称及び登録番号
② 取引年月日
③ 取引内容（軽減税率の対象品目である旨）
④ 税率ごとに区分して合計した対価の額（税抜き又は税込み）
⑤ 税率ごとに区分した消費税額等又は適用税率

3　売手の留意点（適格請求書発行事業者の義務等）

　適格請求書発行事業者には、原則、以下の義務が課されます。
① 適格請求書の交付
　　取引の相手方（課税事業者）の求めに応じて、適格請求書（又は適格簡易請求書）を交付する。
② 適格返還請求書の交付
　　返品や値引きなど、売上げに係る対価の返還等を行う場合に、適格返還請求書を交付する。
③ 修正した適格請求書の交付
　　交付した適格請求書（又は適格簡易請求書、適格返還請求書）に誤りがあった場合に、修正した適格請求書（又は適格簡易請求書、適格返還請求書）を交付する。
④ 写しの保存
　　交付した適格請求書（又は適格簡易請求書、適格返還請求書）の写しを保存する。
＊適格請求書発行事業者が、偽りの記載をした適格請求書を交付することは、法律によって禁止されており、違反した場合の罰則も設けられています。

交付義務の免除

適格請求書を交付することが困難な以下の取引は、交付義務が免除されます。

① 公共交通機関である船舶、バス又は鉄道による旅客の運送（3万円未満のものに限ります。）
② 出荷者等が卸売市場において行う生鮮食料品等の譲渡（出荷者から委託を受けた受託者が卸売の業務として行うものに限ります。）
③ 生産者が農業協同組合、漁業協同組合又は森林組合等に委託して行う農林水産物の譲渡（無条件委託方式かつ共同計算方式により生産者を特定せずに行うものに限ります。）
④ 自動販売機・自動サービス機により行われる課税資産の譲渡（3万円未満のものに限ります。）
⑤ 郵便切手を対価とする郵便サービス（郵便ポストに差し出されたものに限ります。）

4 買手の留意点（税額控除の要件）

(1) 仕入税額控除の要件

一定の事項を記載した帳簿及び適格請求書などの請求書等の保存が仕入税額控除の要件となります。

免税事業者や消費者など、適格請求書発行事業者以外の者から行った課税仕入れは、原則として仕入税額控除の適用を受けることはできません。

保存が必要となる請求書等の範囲

仕入税額控除の要件として保存が必要となる請求書等には、以下のものが含まれます。

① 売手が交付する適格請求書又は適格簡易請求書
② 買手が作成する仕入明細書等（課税仕入の相手方（売手）において課税資産の譲渡等の該当するもので適格請求書の記載事項が記載されており、課税仕入の相手方（売手）の確認を受けたものに限ります。）
③ 卸売市場において委託を受けて卸売の業務として行われる生鮮食料品等の譲渡及び農業協同組合等が委託を受けて行う農林水産物の譲渡について、受託者から交付を受ける一定の書類（「交付義務の免除②③の取引」）
④ ①から③の書類に係る電磁的記録

(2) 帳簿のみの保存で仕入税額控除が認められる場合

適格請求書などの請求書等の交付を受けることが困難な以下の取引は、帳簿のみの保存で仕入税額控除が認められます。

① 適格請求書の交付義務が免除される「交付義務の免除」①④⑤に掲げる取引
② 適格簡易請求書の記載事項（取引年月日を除きます。）を満たす入場券等が、使用の

際に回収される取引
③ 古物営業、質屋又は宅地建物取引業を営む事業者が、適格請求書発行事業者でない者から、古物、質物又は建物を当該事業者の棚卸資産として取得する取引
④ 適格請求書発行事業者でない者から再生資源又は再生部品を棚卸資産として購入する取引
⑤ 従業員等に支給する通常必要と認められる出張旅費、宿泊費、日当及び通勤手当等に係る課税仕入れ

＊免税事業者等からの課税仕入れに係る経過措置

適格請求書等保存方式の開始後は、免税事業者や消費者など、適格請求書発行事業者以外の者（以下「免税事業者等」といいます。）から行った課税仕入れは、原則として仕入税額控除の適用を受けることはできません。

ただし、制度開始後6年間は、免税事業者からの課税仕入れについても、仕入税額相当額の一定割合を仕入税額として控除できる経過措置が設けられています。

5 適格請求書発行事業者の登録申請手続

適格請求書発行事業者になる（登録を受ける）には、適格請求書発行事業者の登録申請手続が必要です。

登録は課税事業者が受けることができます。登録を受けなければ適格請求書を交付できません。登録を受けるかどうかは、事業者の任意です。

税務署による審査を経て登録された場合は、登録番号などの通知および公表が行われます。

＊免税事業者の登録申請手続等

令和5年10月1日から令和11年9月30日までの日の属する課税期間中に登録を受ける場合は、登録を受けた日から課税事業者となることが可能です（経過措置）。

農家簿記		定価1,800円 (本体1,636円＋税)

```
  ┌─────┐
  │ 検 印 │         令和6年11月1日
  │ 省 略 │
  └─────┘
                  編 者　農家(農業)簿記研究会

                  発行者　中　村　賢　二
```

発行所　日本税経研究会出版局
　　〒113-0033　東京都文京区本郷5-21-12　第5税経ビル
　　TEL．03(3811)4665　FAX．03(3811)4675
　　振替　00140-9-125986

写植・印刷　株式会社　エンタープライズフジオー
製　　　本　株式会社　明興製本